本
的
课 家
里
作

爱阅读
学生精读版
★★★★★

课本里的作家

高洪波精选集：

陀　螺

高洪波／著

小学语文同步阅读
四年级
彩插精读版

山东教育出版社
·济南·

图书在版编目（CIP）数据

高洪波精选集 . 陀螺 / 高洪波著 . — 济南：山东
教育出版社，2023.1（2023.3 重印）
（爱阅读·课本里的作家）
ISBN 978-7-5701-2469-5

Ⅰ．①高… Ⅱ．①高… Ⅲ．①阅读课—小学—教学参
考资料 Ⅳ．①G624.233

中国版本图书馆 CIP 数据核字（2022）第 255222 号

GAO HONGBO JINGXUAN JI: TUOLUO

高洪波精选集：陀螺

高洪波　著

主管单位：山东出版传媒股份有限公司
出版发行：山东教育出版社
　　　　　地址：济南市市中区二环南路 2066 号 4 区 1 号　邮编：250003
　　　　　电话：（0531）82092600　　　　　网址：www.sjs.com.cn
印　　刷：天津泰宇印务有限公司
版　　次：2023 年 1 月第 1 版
印　　次：2023 年 3 月第 2 次印刷
开　　本：700 mm × 1000 mm　1/16
印　　张：12
字　　数：145 千
定　　价：35.80 元

（如印装质量有问题，请与印刷厂联系调换）
印厂电话：022-29649190

踢毽子

这时找个背风的屋角，约上两个伙伴，尽管去大踢特踢好了。只要你不怕踢断大腿根儿，没人管。

冰糖葫芦

冰糖葫芦不是菜，只是一种北方冬日里常见的小零食。每当寒风骤起肆虐于街头时，它便鲜亮亮地出现了。

我找根竹竿来对比，柳桃花比竹节略短些，好像营养不良，没长开。这一发现很令我兴奋，喊弟弟来一块切磋，正当我们准备截取一段柳桃花的枝干进行现场解剖时，奶奶的烟袋恰到好处地落了下来。

柳桃花

绿莹莹的宝石

我悻悻地回到家，妻子拿出几片火腿肠，女儿抢着扔进猫的领地。猫大概饿坏了，"呜呜"叫着，从喉咙里泄出感激和贪婪，不一会就吃个精光。

为了安慰我的痛楚，他们真的送了一枚棒球给我。这小球一点也不光滑，捏在手上，有如一只帆布裹成的橘子，不但邦硬，而且沉重，真不知大人们怎么会喜欢这种古怪的球？！

初识棒球

猫和老鼠

不久前，我又听到了一个关于猫和老鼠的真实故事：一个小男孩觉得自家的波斯猫太寂寞，就从集市上悄悄买回一只小白鼠，然后他驯服了猫和小鼠，它们居然友好地生活在一起，而且小白鼠常骑在猫背上走来走去，像"白马王子"！

总序

北京书香文雅图书文化有限公司的李继勇先生与我联系，说他们策划了一套《爱阅读·课本里的作家》丛书，读者对象主要是中小学生，可以作为学生的课外阅读用书，希望我写篇序。作为一名语文教育工作者，在中共中央办公厅、国务院办公厅印发《关于进一步减轻义务教育阶段学生作业负担和校外培训负担的意见》（以下简称"双减"）的大背景下，为学生推荐这套优秀课外读物责无旁贷，也更有意义。

一、"双减"以后怎么办?

"双减"政策对义务教育阶段学生的作业和校外培训作出严格规定。我认为这是一件好事。曾几何时，我们的中小学生作业负担重，不少学生不是在各种各样的培训班里，就是在去培训班的路上。学生"学"无宁日，备尝艰辛；家长们焦虑不安，苦不堪言。校外培训机构为了增强吸引力，到处挖掘优秀教师资源，有些老师受利益驱使，不能安心从教。他们的行为破坏了教育生态，违背了教育规律，严重影响了我国教育改革发展。教育是什么?教育是唤醒，是点燃，是激发。而校外培训的噱头仅仅是提高考试成绩，让学生在中高考中占得先机。他们的广告词是"提高一分，干掉千人"，大肆渲染"分数为王"，在这种压力之下，学生面对的是"分萧萧兮题海寒"，不得不深陷题海，机械刷题。假如只有一部分学生上培训班，提高的可能是分数。但是，如果大多数学生或者所有学生都去上培训班，那提高的就不是分数，而只是分数线。教育的根本任务是立德树人，是培根铸魂，是启智增慧，是让学生的德智体美劳全面发展，是培养社会主义建设者和接班人，是为中华民族伟大复兴提供人才，而不是培养只会考试的"机器"，更不能被资本所"绑架"。所以中央才"出重拳""放实招"，目的就是要减轻学生过重的课业负担，减轻家长过重的经济和精神负担。

"双减"政策出台后，学生们一片欢呼，再也不用在各种培训班之间来回奔波了，但家长产生了新的焦虑：孩子学习成绩怎么办？而对学校老师来说，这是一个新挑战、新任务，当然也是新机遇。学生在校时间增加，要求老师提升教学水平，科学合理布置作业，同时开展课外延伸服务，事实上是老师陪伴学生的时间增加了。这部分在校时间怎么安排？如何让学生利用好课外时间？这一切考验着老师们的智慧。而开展各种课外活动正好可以解决这个难题。比如：热爱人文的，可以开展阅读写作、演讲辩论，学习传统文化和民风民俗等社团活动；喜爱数理的，可以组织科普科幻、实验研究、统计测量、天文观测等兴趣小组；也可以开展体育比赛、艺术体验（音乐、美术、书法、戏剧……）和劳动教育等实践活动。当然，所有的活动都应以培养学生的兴趣爱好为目的，以自愿参加为前提。学校开展课后服务，可以多方面拓展资源，比如博物馆、图书馆、科技馆、陈列馆、少年宫、青少年活动中心，甚至校外培训机构的优质服务资源，还可组织征文比赛、志愿服务、社会调查等，助力学生全面发展。

二、课外阅读新机遇

近年来，新课标、新教材、新高考成为语文教育改革的热词。我曾经看到一个视频，说语文在中高考中的地位提高了，难度也加大了。这种说法有一定道理，但并不准确。说它有一定道理，是因为语文能力主要指一个人的阅读和写作能力，而阅读和写作能力又是一个人综合素养的体现。语文能力强，有助于学习别的学科。比如数学、物理中的应用题，如果阅读能力上不去，读不懂题干，便不能准确把握解题要领，也就没法准确答题；英语中的英译汉、汉译英题更是考查学生的语言表达能力；历史题和政治题往往是给一段材料，让学生去分析、判断，得出结论，并表述自己的观点或看法。从这点来说，语文在中高考中的地位提高有一定道理。说它不准确，有两个方面的理由：一是语文学科本来就重要，不是现在才变得重要，之所以产生这种错觉，是因为在应试教育的背景下，语文的重要性被弱化了；二是语文考试的难度并没有增加，增加的只是阅读思维的宽度和广度，考查的是阅读理解、信息筛选、应用写作、语言表达、批判性思维、辩证思维等关键能力。可以说，真正的素质教育必须重视语文，因为语文是工具，是基础。不少家长和教师认为课外阅读浪费学习时间，这主要是教育观念问题。他们之所以有这种想法，无非是认为考试才是最终目的，希望孩子可以把更多时间用在刷题上。他们只看到课标和教材的变化，以为考试还是过去那一套，其实，考试评价已发生深刻变革。目前，考试评价改革与新课标、新教材改革是同向同行的，都是围绕立德树人做文章。中共中央、国务院印发的《深化新时代教育评价改革总体方案》明确指出："稳步推进中高考改革，构建引导学生德智体美劳全面发展的考试内容体系，改变相对固化的试题形式，增强试题开放性，减少死记硬背和'机械刷题'现象。"显然就是要用中高考"指挥棒"引领素质教育。新高考招生录取强调"两依据、一参考"，即以高考成绩和高中学业水平考试成绩为依据，以综合素质评价为参考。这也就是说，高考成绩不再是高校选拔新生的唯一标准，不只看谁考的分数高，而是看谁更有发展潜力、更有创造性，综合素质更高，从而实现由"招分"向"招人"的转变。而这绝不是仅凭一张高考试卷能够区分出来的，"机械刷题"无助于全面发展，必须在课内学习的基础上，辅之以内容广泛的课外阅读，才能全面提高综合素养。

三、"爱阅读"助力成长

这套《爱阅读·课本里的作家》丛书是为中小学生读者量身打造的，符合《义务教育语文课程标准》倡导的"好读书、读好书、读整本的书"的课改理念，可以作为学生课内学习的有益补充。我一向认为，要学好语文，一要读好三本书，二要写好两篇文，三要养成四个好习惯。三本书指"有字之书""无字之书""心灵之书"，两篇文指"规矩文"和"放胆文"，四个好习惯指享受阅读的习惯、善于思考的习惯、乐于表达的习惯和自主学习的习惯。古人说"读万卷书，行万里路"，实际上就是要处理好读书与实践的关系。对于中小学生来说，读书首先是读好"有字之书"。"有字之书"，有课本，有课外自读课本，还有"爱阅读"这样的课外读物。读书时我们不能眉毛胡子一把抓，要区分不同的书，采取不同的读法。一般说来，读法有精读，有略读。精读需要字斟句酌，需要咬文嚼字，但费时费力。当然也不是所有的书都需要精读，可以根据自己的需要决定精读还是略读。新课标提倡中小学生进行整本书阅读，但是学生往往不能耐着性子读完一整本书。新课标提倡的整本书阅读，主要是针对过去的单篇教学来说的，并不是说每本书都要从头读到尾。教材设计的练习项目也是有弹性的、可选择的，不可能有统一的"阅读计划"。我的建议是，整本书阅读应把精读、略读与浏览结合起来，精读重在示范，略读重在博览，浏览略观大意即可，三者相辅相成，不宜偏于一隅。不仅如此，学生还可以把阅读与写作、读书与实践、课内与课外结合起来。整本书阅读重在掌握阅读方法，拓展阅读视野，培养读书兴趣，养成阅读习惯。

再说写好两篇文。学生读得多了，素养提高了，自然有话想说，有自己的观点和看法要发表。发表的形式可以是口头的，也可以是书面的，书面表达就是写作。写好两篇文，一篇规矩文，一篇放胆文。规矩文重打基础，放胆文更见才气。规矩文要求练好写作基本功，包括审题、立意、选材、构思等，同时还要掌握记叙文、议论文、说明文、应用文的基本要领和写作规范。规矩文的写作要在教师的指导下进行。放胆文则鼓励学生放飞自我、大胆想象，各呈创意、各展所长，尤其是展现自己的写作能力、语言表达能力、批判性思维能力和辩证思维能力。放胆文的写作可以多种多样，除了大作文，也可以写小作文。有兴趣的学生还可以进行文学创作，写诗歌、小说、散文、剧本等。

学习语文还要养成四个好习惯。第一，享受阅读的习惯。爱阅读非常重要，每个同学都应该有自己的个性化书单。有的同学喜欢网络小说也没有关系，但需要防止沉迷其中，钻进"死胡同"。这套《爱阅读·课本里的作家》丛书，给中小学生课外阅读提供了大量古今中外的名家名作。第二，善于思考的习惯。在这个大众创业、万众创新的时代，创新人才的标准，已不再是把已有的知识烂熟于心，而是能够独立思考，敢于质疑，能够自己去发现问题、提出问题和解决问题，需要具有探究质疑能力、独立思考能力、批判性思维和辩证思维能力。第三，乐于表达的习惯。表达的乐趣在于说或写的过程，这个过程比说得好、写得完美更重要。写作形式可以不拘一格，比如作文、日记、笔记、随笔、漫画等。第四，自主学习的习惯。我的地盘我做主，我的语文我做主。不是为老师学，也不是为父母长辈学，而是为自己的精神成长学，为自己的未来学。

愿广大中小学生能借助这套《爱阅读·课本里的作家》丛书，真正爱上阅读，插上想象的翅膀，飞向未来的广阔天地！

目录

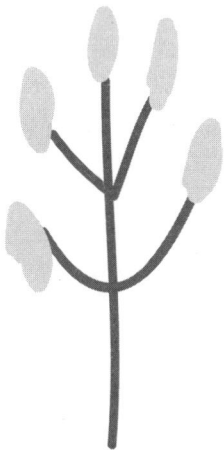

我爱读课文

原文赏读

陀　螺

体　　裁：散文

作　　者：高洪波

创作时间：当代

作品出处：部编版语文四年级（上册）

内容简介：小时候，"我"很爱玩陀螺，自己却削不好。后来叔叔送给"我"一个其貌不扬的陀螺，让"我"遭到了小伙伴们的嘲笑，但"我"的陀螺十分顽强，打败了小伙伴的大陀螺。这件事让"我"终生难忘。

/////////////////////// 读前导航 ///////////////////////

阅读准备

　　高洪波的儿童文学作品，简单自然而富有情趣，怀有纯净而高尚的童真，充满了对人间美好情感的依恋和期盼，得到孩子们的广泛喜爱，让孩子们在快乐与纯真中体会到文字的乐趣。通过阅读，小读者能感受到智慧的无穷力量，从而激发他们的探索欲望，提高他们的思维能力，开拓他们的视野。

目标我知道

学习目标	会写"否、旋、兵、败、溃"等生字 会认"钉、彻、誉"等生字 正确、流畅地朗读课文，理清文章思路 从情感、含义、修辞等方面赏析文章语言
学习重点	通过品读抒情、讨论的语句解读文章主旨
学习难点	理解"人不可貌相，海水不可斗量"这句话

/////////////// 精彩赏读 ///////////////

课本原文

陀　螺

① 在我的故乡，陀螺不叫陀螺，叫作"冰尜（gá）儿"，顾名思义，就是冰上的小家伙。

（段解：介绍陀螺的别名。开门见山，点明文章主题。）

【顾名思义】从名称联想到它的意义。

【妩媚】形容女子、花木等姿态美好可爱。

【毫无怨言】没有任何埋怨的话。

[1] 拟人化词语的运用，表达了作者对冰尜儿的喜爱。

【重整旗鼓】指失败之后，重新集合力量再干（摇旗和击鼓是古代进军的号令）。

[2] 引号，强调小陀螺的称号。

②做冰尜儿用的是木头，柳木、榆木、松木、枣木、梨木都可以。抽打冰尜儿，当然是在冬季的冰天雪地里，最好的场所是冰面。好的冰尜儿尖部嵌一颗滚珠，转起来能增加许多妩媚。顶不济的，也要钉上一枚铁钉，否则转不了多少圈，尖部就会开裂。无论嵌上滚珠，还是钉上铁钉，冰尜儿都不会裂开，能毫无怨言地让你抽打，在冰面上旋转、舞蹈。[1]

（段解：写制冰尜儿的原料，玩冰尜儿最好的时间和地点。）

③抽冰尜儿的小伙伴们，都爱比个高下。他们往往各站一角，奋力抽转自己的冰尜儿，让它朝对方撞去。这时你看吧，两只旋转的陀螺奋勇搏斗，旋风般撞向对手，刚一接触，又各自闪向一边，然后重整旗鼓再战——直到其中一方被撞翻才告一段落。赛陀螺每次都是体重个大的一方占上风。因此，只有小陀螺的大多在自家院子里玩，不拿到马路上去应战。况且小陀螺有个难听的绰号叫"角锥"[2]，意思是小且细。抽打"角锥"的大多是拖鼻涕穿开裆裤的，他们的兴趣在于抽鞭子，对陀螺的质量往往不在意。

（段解：写孩子们玩陀螺时喜欢比出高下，为下文的赛陀螺埋下伏笔。）

【第一部分（①—③段）：介绍陀螺的制作与玩法。】

④ 我从小就不甘人后，更不愿自己的陀螺像金兵见到岳家军，一战即败。于是四处寻找木头，为削出得心应手的陀螺，就差没把椅子腿拿来"废物利用"了。为此不知挨了多少责骂，可仍然不肯住手。<u>然而一个孩子无论如何是削不出高质量的陀螺的，因此，曾有很长一段时间我的世界堆满乌云，快乐像过冬的燕子一般，飞到一个谁也看不到的地方去了。</u>[1]

【第二部分（④段）：写"我"削制陀螺的经历。】

⑤ 这种懊恼终于引起了长辈的注意。我的叔叔，一位很有童心的年轻民警，答应在我生日那天送我一只陀螺。这消息曾使我一整天处于恍惚的状态，老想象着那只陀螺英武的风姿。

⑥ 叔叔的礼物不错！

⑦ <u>这只陀螺不是人工削出来的，而是一位木工在旋床上旋出来的，圆且光滑，如同一</u>

[1] 比喻，形象生动地写出了"我"得不到得心应手的陀螺时的郁闷心情，表达了"我"对陀螺的喜爱。

[1] 比喻，写出了陀螺的特点——圆且光滑。

枚鸭蛋。[1] 虽然它远不如我想象中的那么漂亮，但我极高兴地接受了它。尤其当我看到这枚"鸭蛋"的下端已嵌上一粒大滚珠时，更是手舞足蹈，恨不得马上在马路上一显身手！

【第三部分（⑤—⑦段）：写叔叔送给"我"一个陀螺做生日礼物。】

【不伦不类】既非这一类，又非另一类，形容不成样子或没有道理。

⑧我的陀螺刚一露面，就招来了一顿嘲笑。的确，在各色帅气的陀螺面前，它长得不伦不类，该平的地方不平，该尖的地方不尖，看不出一丝一毫与同伴相斗的能力。这使我士气大减，只是在一旁抽打，不敢向任何人挑战。

（段解：因"我"的陀螺在外表上逊色很多，所以"我"不敢向其他人挑战。"只是在一旁抽打"与上段"恨不得能一显身手"形成对比，突出"我"的心情很沮丧。）

[2] 拟人，通过描写陀螺的状态烘托其主人的傲慢。

⑨然而世间许多事都是不可预料的，追求"和平"只是我的个人愿望，小伙伴们不甘寂寞，一个大陀螺的主人开始傲慢地向我挑衅。大陀螺摇头晃脑，挺着肚皮一次次冲过来，我的"鸭蛋"则不动声色地闪躲。[2] 一次次冲击，一次次闪躲，终于无法避开，它们狠狠地撞上了！

（段解：写小伙伴用他的大陀螺向"我"的陀螺进攻。）

⑩奇怪的是，我的陀螺个头小，却顽强得出奇！明明被撞翻在一边，一扭身又照样旋转起来。它圆头圆脑，好像上下左右都能找到支撑点似的。结果呢，大陀螺在这个始终立于不败之地的对手面前，彻底溃败了。[1]

[1]运用拟人手法，使文章更加生动、形象，表达了作者对陀螺的喜爱之情。

（段解：写"我"的小陀螺反败为胜。）

⑪这真是个辉煌的时刻！我尝到了胜利的滋味，品到了幸运的甜头。无意中获得的"荣誉"，虽然小如微尘，对好胜的孩子来说，也足以陶醉许久了——直到现在我还能兴致勃勃地写下这些文字，便是一种有力的证明吧！

【陶醉】很满意地沉浸在某种境界或思想活动中。

（段解：战胜小伙伴的陀螺后，"我"兴奋、激动的心情。）

⑫我的冰尜儿，木工随便旋出的小木头块，丑小鸭生出的一只丑鸭蛋，在童年的一个冬日里，给了我极大的欢乐和由衷的自豪。

【第四部分（⑧—⑫段）：写"我"的小陀螺战胜了小伙伴的大陀螺。】

[1]结尾起到画龙点睛的作用，从陀螺引申出一个道理。

⑬ 这真应了一句古话：人不可貌相，海水不可斗量。[1]

【第五部分（⑬段）：写"我"从玩陀螺中获得的感悟：不能仅凭外貌来评估一个人的才能和品质。】

作品赏析

　　这篇精读课文以"陀螺"为线索，讲述了"我"用一个其貌不扬的小陀螺战胜大陀螺，并从中悟得深刻道理的事情。文章表达了作者对陀螺的喜爱，以及对童年生活的怀念和对生活的热爱之情。最后，作者引用古语结尾，揭示了平凡小事中包含的朴实道理，升华了文章的主题。

////////////////////积累与表达////////////////////

字词我来记

会写的字

fǒu	部首	笔画	结构	造字	组词
否	口	7	上下	会意	否认　否则
	辨字	杏（杏树　杏花）　吝（吝惜　吝啬）			
字义	1.表示不同意，相当于口语的"不"。　2.否定。				
造句	他是否能来，没人知道。				

xuán	部首	笔画	结构	造字	组词
旋	方	11	左右	会意	凯旋　回旋
	辨字	旅（旅行　旅途）　族（民族　汉族）			
字义	1.旋转。2.返回，归来。3.不久；很快地。				
造句	那个陀螺被鞭子一抽，就快速地旋转起来。				

kuàng	部首	笔画	结构	造字	组词
况	冫	7	左右	形声	况且　情况
	辨字	祝（祝福　祝贺）			
字义	1.情形。2.比方。3.况且；何况。				
造句	这种情况很特殊。				

bīng	部首	笔画	结构	造字	组词
兵	八	7	上下	会意	官兵　兵法
	辨字	乒（乒乓球　世乒赛）　丘（土丘　沙丘）			
字义	1.军人，军队。2.兵器。3.指军事或战争。				
造句	这一路兵荒马乱的，谁也没把握说一定逃得出来。				

bài	部首	笔画	结构	造字	组词
败	贝	8	左右	会意	失败　身败名裂
	辨字	财（财产　发财）　贩（商贩　贩运）			
字义	1.在战争或竞赛中失败(跟"胜"相对)。2.毁坏；搞坏(事情)。				
造句	失败是成功之母。				

réng	部首	笔画	结构	造字	组词
仍	亻	4	左右	形声	仍然　仍旧
	辨字	扔（扔掉　扔球）　奶（牛奶　奶奶）			
字义	1.依照。2.频繁。3.仍然。				
造句	虽然情况紧急，可是我们仍然要沉着冷静。				

yóu	部首	笔画	结构	造字	组词
尤	尢	4	独体字	指事	尤其　尤甚
	辨字	有（有人　没有）　龙（恐龙　属龙）			
字义	1.特异的；突出的。2.更；尤其。3.怨恨；归咎。				
造句	他成绩很好，尤其语文更加突出。				

hèn	部首	笔画	结构	造字	组词
恨	忄	9	左右	形声	仇恨　怨恨
	辨字	狠（狠毒　恶狠狠）　很（很好）			
字义	1.仇视；怨恨。2.悔恨，不称心。				
造句	我们对人贩子恨之入骨。				

shuài	部首	笔画	结构	造字	组词
帅	巾	5	左右	形声	元帅　大帅
	辨字	师（老师　师傅）　筛（筛子　筛选）			
字义	1.英俊，潇洒，漂亮。2.军队中最高一级的指挥官。				
造句	他曾经是一位元帅。				

yù	部首	笔画	结构	造字	组词
预	页	10	左右	形声	预测　预见
	辨字	颂（歌颂　颂扬）　领（带领　领会）			
字义	1.预先；事先。2.姓。				
造句	这就是我的预测。				

kuì	部首	笔画	结构	造字	组词
溃	氵	12	左右	形声	溃堤　溃不成军
	辨字	馈（馈赠　馈送）　遗（遗留　遗产）			
字义	1.溃败；溃散。2.突破（包围）。3.（水）冲破（堤坝）。				
造句	在我军的强大攻势下，敌人溃不成军。				

pǐn	部首	笔画	结构	造字	组词	
品	口	9	品字形	会意	品尝　品味	
	辨字	晶（晶莹　水晶）				
字义	1.物品。2.等级。3.封建时代官吏的级别，共分九品。4.品质，品行。					
造句	书籍是全世界的营养品。					

chǒu	部首	笔画	结构	造字	组词	
丑	一	4	独体	象形	丑陋　丑态百出	
	辨字	五（五月　五人）				
字义	1.地支的第二位。2.丑陋；不好看（跟"美"相对）。3.不好的、不光彩的事物。4.坏；不好。					
造句	灵魂的丑陋比相貌的丑陋更可怕。					

háo	部首	笔画	结构	造字	组词	
豪	亠	14	上下	形声	豪气　豪爽	
	辨字	壕（战壕　壕沟）　毫（毫米　毫秒）				
字义	1.具有杰出才能的人。2.气魄大；直爽痛快，没有拘束的。3.指有钱有势。					
造句	我为自己是中国人而自豪。					

会认的字

dīng	组词
钉	图钉　铁钉

chè	组词
彻	彻底　透彻

yù	组词
誉	名誉　荣誉

多音字

钉 ┌ dīng（图钉）（钉子）
　　└ dìng（钉钉子）（钉扣子）

辨析：表示"竹、木、金属制成的可以打入他物的细条形的东西""紧跟着不放松""督促，催问"时，读dīng，如，钉子、眼中钉；表示"把钉子或楔子打入他物""连接在一起"时，读dìng，如，钉钉子、钉扣子。

旋 ┌ xuán（旋转）（旋涡）
　　└ xuàn（旋风）（旋子）

辨析：表示"旋转""返回，归来"时，读xuán；表示状态"旋转的""用刀子转着圈削"时，读xuàn。

近义词

妩媚—娇美　　　　预料—意料　　　　傲慢—高傲

反义词

妩媚—素雅　　　傲慢—谦虚　　　责骂—夸奖

日积月累

1.因此，曾有很长一段时间我的世界堆满乌云，快乐像过冬的燕子一般，飞到一个谁也看不到的地方去了。

2.一个大陀螺的主人开始傲慢地向我挑衅。大陀螺摇头晃脑，挺着肚皮一次次冲过来，我的"鸭蛋"则不动声色地闪躲。

3.这真应了一句古话：人不可貌相，海水不可斗量。

读后感想

读《陀螺》有感

每个人都有自己喜爱的玩具。那些玩具带给我们的欢乐和美好是难以忘记的。读到高洪波先生的《陀螺》时，我回忆起自己年幼时也曾玩过陀螺，那种美好和作者在文中描述的一样，令人难忘。

这篇文章说的是"我"小时候十分喜欢陀螺，然后叔叔就送了"我"一个陀螺。这个陀螺的个头很小，圆且光滑，像一枚鸭蛋，长得不伦不类的，所以"我"把它叫作"鸭蛋"。之后，我的"鸭蛋"击败了小伙伴的大陀螺，给了"我"快乐和自豪。

令我印象最深的是作者赛陀螺那部分。摇头晃脑，挺着肚皮的大陀螺，从冰上划过去撞击作者的"鸭蛋"，一次都没撞到。作者玩陀螺非常灵活，我真敬佩他，最后，大陀螺撞上作者的小陀螺。奇怪的是，作者的陀螺个头小，却顽强得出奇，被撞到了照样能旋转。到最后，那些挺着肚子的大陀螺，一个个十分耻辱地战败了。

作者从玩陀螺想到了一句话"人不可貌相，海水不可斗量"。也就是说：他的陀螺虽然很小，但战斗力强。他认为自己的实力还不够，以后要加倍努力才能战胜敌人。

读完这篇文章后，我懂得了：不能以一个人的相貌判定他的未来，就好比不能用斗来量海水一样。

精彩语句

1. 令我印象最深的是作者赛陀螺那部分。

写作时有详有略，对赛陀螺进行详细描写，一是因为自己印象深刻，二是为下文的启示做铺垫。

2. 作者从玩陀螺想到了一句话——"人不可貌相，海水不可斗量"。

承接上文，作者不只是玩游戏，在玩游戏的过程中还获得了自己的感悟。

妙笔生花

读过高洪波的《陀螺》，你懂得了什么道理？动动手中的笔，写一写吧！

_____

_____

_____

_____

_____

_____

////////////////// **知识乐园** //////////////////

一、比一比，再组词。

否（　　）　　帅（　　）　　况（　　）　　品（　　）
杏（　　）　　师（　　）　　兄（　　）　　晶（　　）

二、在下面的括号里填上合适的词语。

难忘的（　　）　　　　　　由衷的（　　）

辉煌的（　　）　　　　　　（　　）陀螺

（　　）鼻涕　　　　　　　（　　）身手

（　　）头（　　）脑　　　（　　）舞（　　）蹈

不（　　）不（　　）

三、选字填空。

抽　　占　　撞　　整　　搏

抽冰尜儿的小伙伴们，都爱比个高下。他们往往各站一角，奋力_____转自己的冰尜儿，让它朝对方_____去。这时你看吧，两只旋转的陀螺奋勇_____斗，旋风般撞向对手，刚一接触，又各自闪向一边，然后重_____旗鼓再战——直到其中一方被撞翻才告一段落。赛陀螺每次都是体重个大的一方_____上风。

四、把下面的词语分类写下来。

鸟语花香　　骄阳似火　　天高气爽　　冰天雪地
繁花似锦　　红叶似火　　汗流浃背　　滴水成冰

1.形容春天的成语：_____

2.形容夏天的成语：_____

3.形容秋天的成语：_____

4.形容冬天的成语：_____

　　五、说说你对"人不可貌相，海水不可斗量"这句话的理解。

_____

_____

_____

_____

_____

作家经典作品

自主阅读

灯光球场

灯光球场，现在看来是极普通的设备，但若放在若干年前，则显示出了非同一般的效果。它意味着豪华、明亮、喧闹和不夜的欢乐。

故乡小城有一座灯光球场，上悬十多盏大且亮的灯，四周是狂热不安的本地篮球观众，场上则是十位身手不凡高矮各异的球星，他们的光芒仅限于一个小县城的范围。

每到晚上有赛事，我和弟弟就早早吃完饭，一人拎一个空罐头瓶，在裁判员记分牌下一坐，静静地等待着激烈的比赛。

看球为什么带瓶子？这叫醉翁之意不在酒，球迷之意不在球，我们的目标是一种俗称"蝲蝲蛄"（即蝼蛄）的昆虫。

蝲蝲蛄有两只极短的翅膀，飞起来很笨拙，而且具有世界上昆虫家族的最大弱点——喜欢灯光。它们扑灯的热情很高，可是灯却冷静异常，结果蝲蝲蛄们扑空之后就在地面蠕动，充满被欺骗过后的失望，这时你去捉，一擒一个准。

抓蝲蝲蛄干什么？喂鸡。鸡们喜食蝲蝲蛄，一如人类爱吃甲鱼。鸡吃蝲蝲蛄能下蛋，双黄的大鸡蛋！

说到这里，我和弟弟对灯光球场的功利目的便一目了然了。我们不止一次地趁球场休息或比赛懈怠时，冲进场内捕捉那些忘情的小昆虫，尤其弟弟矮小灵活，收获往往比我大。这种惊险的捕捉蝲蝲蛄行动，很像海边顽童捕蟹捉鱼、山里娃娃采摘山果。

终于有一天晚上出了事故：弟弟在盯准一只大蝲蝲蛄时，只顾它的行动，忘记了球赛的激烈，竟随它闯入了禁区，结果被正在三步上篮的一位小城球星撞翻在地。当时我已转移到一处很清静的门灯下守株待兔。听到场上闹闹嚷嚷，身边又没了弟弟的身影，马上有一种不祥的预感，跑过去一看，果然是鼻子淌血的弟弟，正被裁判员大声斥责着。我过去拉起他，离开了恼人的灯光球场，弟弟这时才想起他的装满战利品的小罐子，早不知被踢向了何方！

自此之后，灯光球场对我们失去了魅力。奶奶的鸡们开始吃素，改善它们饮食结构的计划，因弟弟的流血事件而告吹。同时，我们狩猎的热情转向其他方面：如捉蟋蟀、逮青蛙、捞嘎鱼等更能体现男子汉性格的活动，蝲蝲蛄就此别过！

故乡有一家小小的发电厂，所供应的电异常微弱，夜间只能有三个小时的光明，一到十一点钟，灯泡先是发红，继而发暗，随后一闪，转入彻底的黑暗，如果你还想做事，赶快点亮蜡烛或马灯。

这等微薄的电力资源，却能支撑起一座偌大的灯光球场，在当时已是十分奢侈了，同时也说明了故乡的人们对篮球运动的如醉如痴。

那狂热劲儿一点也不亚于现今人们的足球热。

何况还有漫天飞舞的蝲蝲蛄们助威助兴呢！

踢毽子

踢毽子是一种极古老的体育运动，尤其盛行于北方。

有一年我到保定开会，清早起来逛街，见三个白胡子老人踢毽。三个人的脚法出神入化，任一只鸡毛毽子上下翻飞，硬是落不下来。脚尖儿、脚背、脚后跟儿，全是踢毽子的最佳部位，让人忍不住喝一声彩！为他们的技艺，也为他们的老当益壮。

把踢毽升华为一种审美的境界，在我是首次见到。

我的故乡踢毽的专利属于儿童，成年人一般不涉此道。由于盛产羊毛，所以，毽子的"软组织"用羊毛，山羊胡子更佳。制毽子的工艺极简单：找三枚铜钱儿，将羊毛塞满钱眼儿，然后觅根竹筷，截取一节，削尖，重重地揳入羊毛中。砸实了，把凸起的部分贴向烧得通红的炉壁，"吱"一声，竹木羊毛一齐熨平，留一只平刮刮新崭崭的好毽在掌中。

这道工序之后，先别急着踢，把毽子毛朝下压放在几块砖下，一夜过后定型：毽子毛如羽毛球般挓挲着，匀净、白亮，透着一股让你脚尖痒痒的脆劲儿。

这时找个背风的屋角，约上两个伙伴，尽管去大踢特踢好了。只要你不怕踢断大腿根儿，没人管。

如果嫌白羊毛毽子不耐脏，就找点红墨水染一染，踢起来红火苗般一闪一闪，盖世无双。

踢毽讲究空踢、单踢、双踢和跳踢，此外还有一种用脚尖直踢的姿势，俗称"奔儿楼"，像足球队员用脚尖颠球，难度很大。

踢毽的黄金季节在冬天。因为脚上有棉鞋或毡靴，踢起来脚不疼。唯一不便的是穿着棉袄棉裤，碍事。每逢兴起，我们大多会甩掉棉袄，提着摇摇欲坠的棉裤，吸溜着清鼻涕，"一五一十"地清点着自己的积累，直到累倒为止。

我的最高纪录是二百八十下。

故乡踢毽，单兵作战为多，极少对踢，判定胜负的唯一方式是计数，当然也会为了扰乱对方而挑剔人家的姿势。譬如我的一位伙伴，踢毽时左手若拎一篮子，别扭至极，因此，尽管有时他占了先，你只要略一模仿，他马上气哼哼地走掉。另一位伙伴爱抹鼻涕，用衣袖抹，一场毽子比赛下来，他的衣袖成为水袖，这些下意识动作，现在看来是心理紧张造成的。儿时好胜心强，把胜负看得比山重，自己计数时恨不得是乘法，数别人的数时又希望是减法，或出怪声，或做怪相，目的都是给对方制造失误的机会，以扩大自己的战果。

但儿童游戏的快乐，又何尝不是在这斤斤计较之中？！

北京的娃娃也踢毽，我的女儿就常常一个人在楼道里踢个不停。她的毽子自然不会自己制，买自街头小摊上，一块铁皮包块布头，再裹几根鸡毛，踢起来轻飘飘的没有准头。我试着踢了一下，纪录仅三十下。

女儿却深表佩服，说爸爸虽然胖，毽却踢得好。我哼了一声，说道："这才是真正的童子功！"

竹蜻蜓

据说玩具不仅仅属于孩子。这个"据说"出自两年前《参考消息》上的一篇文章，作者介绍美国纽约玩具业的情况，专门撰文称赞一家名叫许瓦滋的百年玩具店。就是这家百年老店的迎顾客处，赫然写有一条大字标语："欢迎九十岁以下的孩子们"。

我今年三十七岁，离九十岁差不多还有三分之二的旅途。因此我觉得自己还有资格来谈谈玩具。

现在的玩具真贵！这是我想说的第一感觉。当然贵有贵的理由：变形金刚汽车人是进口货，外汇换来的，几十几百元一个你爱买不买；电动狗、消防车、发光电子冲锋枪沾了电子的光，十几、几十元一个你不买也得买。此外还有小火车、过山车、磁力车，这车那车，美观、时尚、昂贵，可就是不结实。

我知道玩具能启迪智慧，玩具代表一个国家的轻工业水平，玩具是孩子的良师益友，玩具能交给它的小主人一个幻想奇丽的童话王国。玩具的魅力可能不仅仅是这些，对我来说，还意味着记忆，象征着自信，不过我指的不是上面那些缠着爸爸或妈妈强行购买的玩具，而是自己制造的玩具。这些玩具当然粗糙简陋，比如竹蜻蜓，但给予你的快乐一点也不逊于变形金刚。

竹蜻蜓很简单，一根小小的木棍儿，一条薄薄的木片。工具是一把小刀，锋利与不锋利都无所谓，关键是有刀尖。

刀尖用来在小木片上钻洞，小木片要削成匀净的螺旋桨形。也就是说事先要用尺子画线，在中间留下钻洞的点。随后你要小心翼翼地切削木片，先斜着向左削，削出斜且平滑的一面；再斜着往右削，几刀过后木片就呈现出一种扭曲的螺旋状，安上木棍，竹蜻蜓就活了。

记得制成竹蜻蜓的时间是一个星期天的早晨，我捧着它走出家门，像捧着一件伟大的工艺品。我在屋后的空地上，迎着红灿灿、笑眯眯的北方原野上的大太阳，使劲儿一搓小木棍，竹蜻蜓便奇迹般地飞了起来。它一下子飞得很高，高过了屋脊，超过了树梢，仿佛被神奇的手向天空上拽去。仰头望着我的竹蜻蜓的英姿，我感到一阵涌自心底的狂喜。

竹蜻蜓的生命出自我，一个三年级小学生之手，还有什么事情比它更让人激动呢！我想欢叫，想让所有的小朋友们知道我的成功；我更想不动声色，保持一个发明家的风度；我东想西想，可惜星期天的清晨，人们都在高卧，没有一个人来分享我的快乐。

小鸟和燕子们倒直为我捧场，竹蜻蜓使它们惊奇不止，这旋转的家伙似乎带几分野气和固执。于是鸟儿们叽叽喳喳聚在电线杆上，讨论起一个小男孩和他的不明飞行物。

我的兴奋保持的时间很短，因为竹蜻蜓飞行了三次之后，小木棍便松了。到第四次时，我使劲一搓，竹蜻蜓悠悠地飞上高天，很快甩下了一条尾巴，斜斜落下来；翅膀却仍然向上旋去，同时由于甩掉了唯一的负担——木片儿，借一阵清风直上重霄九，很快隐入树梢的绿荫里，竟就此失踪，再不肯落到大地上。

我拾起小木棍，痴立半晌，不知该怎样应付这场意外飞行事故。我试图四处追寻那竹蜻蜓的不安分的木翅，它像服了隐身药一样不肯露面。于是气恼的我回到家里，企图再一次制作竹蜻蜓。

不知怎么回事，竹蜻蜓的灵气一去不返了，小刀子鬼使神差，往我的指头上戳了一下，血便不客气地冒出来。见到殷红的血，爸爸妈妈像看到警报一样过来救援，手指自然是包扎得很出色，血也停止了流淌。然而竹蜻蜓，梦中的竹蜻蜓，也就此辞我而去。

小时候我自以为很聪明，这根据是那只高飞远遁的竹蜻蜓；小时候我也极笨拙，这理由也是那只不辞而别的竹蜻蜓。

竹蜻蜓很容易制作，假如你不怕刀子戳破手指的话。但要记住我的教训，插小木棍的孔不能太松，用胶粘一下最棒。

拥有一只自己制作的玩具，哪怕是顶原始、顶不起眼的竹蜻蜓，你也会感受到莫名的喜悦。试一试，你准能成功。

雨　中

北京的夏天，时有豪雨，如果不巧在路途中摊上，就有好瞧的了。假如你是骑自行车遇雨，恰巧又没带雨具，你只好择一屋檐下避上一阵，待雨住了再走；如果你偏偏有先见之明，披雨衣缓行雨幕，倒也无妨，雨中蹬车，有雨中的意趣，是丽日晴天所品味不到的。

这里说的都是一般意义上的雨。

我碰上过两次大雨，由于这雨来得太猛而我又幸而闪避及时，故而冷眼观察了雨们的行迹，今天写下来，且与有兴味的读者一并把玩。

第一次遇雨是到一位朋友家做客。这位朋友家住城东三里屯，我在途中还须接一位老人同行，这老人不是别人，是文坛最受欢的汪曾祺先生。

我们约定的时间是下午5时，地点在朝阳医院门口。汪老家住蒲黄榆，乘车很顺，当然是公共汽车。

出得家时凉风习习，没有丝毫雨意，找到朝阳医院大门口，却晚了十分钟，原因是我一贯粗心，骑过了站。汪老早已在路旁等我。我们漫步走向不远处的三里屯，孰料刚走几步，天边陡然黑了起来，一团浓厚的雨云，被不怀好意的晚风裹挟着，定定地悬在头顶，已有行人如热锅上的蚂蚁般急匆匆逃跑。这时不远处停住一辆自行车，骑车的汉子倚在车旁，顺手抖开包，变戏法般抖出许多件骑车斗篷，又叫雨披，五颜六色，在雨意浓郁的气氛中大声叫卖。卖得很快，五元钱一件雨披，对于远道骑车的人，想必是一种心理上的抚慰。

忽然，一阵狂风掠过，吹得人睁不开眼，紧接着觉得脸上一凉，雨们竟不客气地袭了来。匆忙间觅不到躲雨处，路旁一家商店门前有一高台阶，探出一片仅可容身的"前脸"，我与汪老急忙隐入，支起自行车，雨就猛地泼了下来。

"前脸"立马垂出一道雨幕，透过雨幕望出去，雨脚踏在瞬间形成的水洼中，噼噼啪啪，每朵水泡如乒乓球般大小，踏出雨点们快乐的舞蹈，那真是肆无忌惮且目中无人。

躲在"前脸"的片檐下，雨珠不客气地跳入，脚下浸出寒意，身上的衣衫也顿感单薄，汪老沉静地望着雨，一派恬意与轻松。雨还在下，可眼见得是一点点小了，只见地面上弹起的乒乓球们，渐渐缩小、渐渐稀疏，不一会儿，竟雨过天晴了。总共不过十五分钟的豪雨，像掳掠都市的股匪般，匆匆而来，又匆匆逃逸，留给你一团惊悸和几丝寒意，加上湿淋淋的裤脚。汪曾祺先生一看雨停了，说一声"走"，踏着积水，我们向三里屯走去。

那一夜为了驱寒，一口气喝光了两瓶白酒。

第二次遇雨在虎坊桥。一家三口人刚从父母家吃过晚饭出来，不到8点钟，空气竟凉飒飒的怀起敌意来，刚有些感觉，雨就跳到脸上，继而在眼镜片上恶作剧。马上穿起雨衣，女儿兴奋不已，想同我一起穿行北京的雨夜，骑车到天安门广场观赏雨景，这是必经之路。孰料那雨们不肯赏光，或者说不允许被人轻视，它们狂暴地从天而落，怒气冲冲地砸在马路上。我们顺树荫而行，先凭树们的掩护，没太感到雨的压力。可树叶很快就浸饱了雨水，不再承担遮雨的义务，故而大粒的雨点沉沉地织成密匝匝的水网，让你寸步难行，雨衣显得无足轻重，真狼狈！

我们一家人只好躲入马路边卖小吃的临时帐篷中，风急、雨猛，帐篷有些不稳，一块布呼扇不已，在炸雷的震响中进行冥冥中的呼应，使夜色挤入几分恐怖——女儿吓得紧偎着我，适才的顽皮被大雨一冲而光。幸好前后左右均是躲雨的人，大家静静地挤在一起，聆听着天地间水声哗哗，每个人脸上都是听天由命般的无奈。有一个五岁大的女孩突然哭出声来，她的妈妈焦躁地制止着她，雨声、雷声、哭声交织在一起，使北京街头躲雨的人们平添了许多感慨。

雨，尤其是夏季的雨，来如风，去如电，二十分钟避雨，浑似过了几个钟头。待到雨停，出得帐篷，马路上早已积水成河。

　　前行至琉璃厂，路面已成为一条河床，水深没膝。我们的自行车半个轮子没入水中，踩起来有一种游戏效果，颇像在北海蹬水船，不知水下路面平坦与否，只管努力蹬车，女儿的自行车本来就矮小，她不断惊叫着，脚下却不肯停歇，紧随我冲过琉璃厂水道。公共汽车庞大的身躯陷入水中，发动机轰鸣着，缓缓地行进——这情景让人想起洪水袭来的1991年，人称"辛未水患"的时节。

　　幸而低洼的街道一闪而过，到得和平门，便一切正常了。及至经过天安门广场，经雨洗过的大地闪闪发亮，如一面明镜般，映着璀璨的灯火，我们在明镜上驰骋，适才的雨悸、没膝的积水，竟一下子被一阵狂喜所替代。天安门广场的平坦宽阔以及沉雄的气魄，好像第一次深切地感受到似的。这感觉是那样清新奇妙，像久走沙漠的旅人乍见绿洲，如大海远航的海客窥见岸，经此雨厄之后，一切都显现了别一种亲切和安详。

　　这真是可遇而不可求的邂逅。所以我说：感谢暴雨。

1994年10月

打雪仗

我的故乡科尔沁草原，一到冬季，便转入雪的世界，称之为"雪国"，是毫不夸张的。

故乡的雪，来得早，走得晚，有时刚届深秋，正是草枯鹰眼疾的时节，雪却轻灵地踱来了，那雪花虽非李白夸张的"大如席"，但较关内斯斯文文的雪片们来说，绝对要豪迈得多！一片片如鹅毛、似棉絮，个把钟头光景，地就白了脸。要让它们由着性子落一夜，早晨起来你可就有事干了：或者是房门被雪封住，需跳窗户出去自我解救；或者是一片白茫茫的干净大地，道路陡然消失，需要你和邻居们手拿大铁锹，重新开辟一条通向外部世界的雪径；或者靠北的山墙被大雪一直堆齐屋顶，你的后窗户掩入雪下，有一种神秘的幽静深邃……

大雪仿佛天生是为孩子落的，每逢雪辰，我和一群小伙伴们都要穿着毡靴，在雪地上欢笑奔跑，玩一种名为"雪地追踪"的游戏，这游戏只是顽童间的互相追逐，但踏雪的感觉是那么新鲜诱人，你无法拒绝它的诱惑。我们在雪地上驰驱，如一群雪兔般，把一串串脚印踏在洁白的雪野上，那图案美不胜收。我们好像把童年的记忆、快乐的诗行全写在北方银白色的稿笺上，写在了炊烟袅袅、寒鸦声声的暮霭里，有一种清新、圣洁的生活气息。

当然，大雪给予我们的欢乐不仅是这些，我们堆雪人、滚雪球、打雪仗，这三项雪上运动一般有个固定的程序：先是打雪仗。打雪仗照例是狂热狂喜之下的产物：捧一把白雪，猛地塞向一位同伴的脖颈，这同伴一激灵，马上也用雪粉来回击。三两个回合下来，双方拉开了角逐的距离，用雪粉已够不着了，便捏成雪球互掷。雪球捏得恰到好处，不紧也不松，投过去，若击中脸部，顿时碎开，掷在身上，穿着厚厚的棉衣，雪球吃不住力，完完整整地滚落在地，可拾起再掷……投掷双方都感到疲乏时，宣布停战，随手将最后一枚雪球捏得瓷实，扔向雪厚处，袖起双手，用脚尖踢着这小球。初雪天生有黏性，小球如磁石吸针般，身躯渐渐丰满。不一会儿，苹果长成西瓜，西瓜变成大冬瓜，如果你脚力充沛，这大冬瓜被你踢着四下里滚动，直到你踢不动为止。此时，你冻僵的双手已暖和过来，开始不厌其烦地将雪球滚过雪地，这时候我相信每一个伙伴都进入了一只蜣螂的境界，视雪球如粪球，勤勉地推球不止。

雪球愈滚愈大，下一步则到了把这雪球安置起来，再如法炮制一枚小一号的雪球，置于这大球的顶部，找来煤球、玉米芯、胡萝卜，装点出雪国美男子的黑眼、白鼻、红唇，它那傻乎乎的模样，衬在白茫茫雪野中，滑稽得让你没法不乐。

因此，我想说的一点是：在北方，没有堆过雪人儿的孩子不应该算孩子，没有打过雪仗的童年也不应算是童年。

打弹子

北京新建了许多高雅的运动场所，也增添了一些让大街小巷闲人们有事可干的地方，前者如高尔夫球场，后者则是大大小小的台球厅。

小时候玩打弹子，几个孩子各揣一口袋玻璃球，在地上画一道线，用五分硬币碾出一个酒盅大小的坑，居然也玩得废寝忘食。当时不知道这打弹子的游戏源于何处，今日见到了高尔夫球，才隐约感到与它有些关系。

当然，高尔夫球的活动场所大得多，规则也十分高妙严密，而我们的打弹子无疑简单得多：一道横线是弹子的"起跑线"，两米外的小圆坑是第一阶段竞赛的主要目标。大家择定各自心爱的弹子，分别向圆坑弹去，最先进入坑内的弹子，身份立马变得高贵，它可以碰击任何一位同伙，一旦击中，对方便成为你的囊中之物。

由于有了圆坑为依凭，先入者为主，若一击不中，未入坑的弹子可以反击，但须连击三次，才算胜利。这就给入坑未遂的弹子手们出了难题，技法高超的施行"野战"，力求在运动中袭敌，但更多的弹子手和高尔夫球手们一样，视小圆坑为龙门，一旦登上，皆大欢喜。

我们常常在冬日里，围住一个酒盅大的圆坑倾泻自己的激情，打弹子成了每一个北方男孩子的必修功课。打得准的孩子，周围的崇拜者是异常众多的。这种近似赌博的儿童游戏，使小城冬天添了许多情韵。那时节，我们每个人的手背都肿得高高的，布满皲裂的口子，沁出鲜红的血珠。而衣袋沉甸甸的，玻璃珠子们互相问讯，发出诱人的"哗哗"声。衣袋越丰满的孩子，手背准越肿，神情也一定骄横无比。

我们弹球时，玻璃弹子在地面滑行，凭拇指扣发食指的弹力推动弹子前进，因此，食指的指甲处每因用力过度而开裂。有人忍受不了这种肉体苦难，索性拿棉鞋的底部去搓动弹子，这自然失去了准头，是真正的弹子手所不为的。况且弹子前进，准确度讲究刹那间的手感，脚怎么能代替得了手呢！

然而，一位客人的到来打破了小城弹子手们的规矩，这客人来自大城市沈阳，说一口绵软的沈阳话，很温顺乖巧。他爱打弹子，或者将打弹子视为彼此联络感情的一种途径，所以，一见如故。只是这客人采用全新的打法：把弹子握在手里，以大拇指为射击动力，居高临下进行轰击，威力巨大非凡。

拇指的力量大于食指，何况弹子又变陆军为空军，凶猛、准确，没几个回合，把我们杀得一塌糊涂，衣袋里的弹子，也渐渐少了许多。直到这时，我们方才想起小城里打弹子的规则，大伙儿一商量，决定坚持弹子不能离开地面的原则，一律以食指为动力，拇指让它休息。

集团凝聚力转换为一种不友好的欺生。沈阳来的弹子高手被迫就范，十分笨拙地把赢到手的弹子又一一输给我们。他不服气，又无可奈何，直到寒假结束为止。

临分手时，我们竟有些恋恋不舍，毕竟是寒风中结下的战斗友谊。但他上车时却恨恨地说："我讨厌你们这儿的打弹子规矩，真的。"他的手背肿得通红，食指裂开一道血口，贴着白色的胶布。

我们分手没几年，我家搬到了北京，与楼里的孩子们进行冬日游戏时，我惊奇地发现：北京打弹子的方式与沈阳的一模一样。

看起来是我们错了，但不知是怎么错的。究竟谁制定的规则，至今仍是个谜。

故乡的儿童体育项目，除了上面描写的以外，尚有警察抓小偷、雪地追踪，这两项无非是一拨又一拨孩子跑来跑去，东躲西藏；或是前面跑后面追，一种比耐力而又师出有名的赛跑。前者可择任何季节进行，后者则非冬日大雪后不可。踏着厚厚的积雪，穿着笨重的毡靴，一群北方顽童开心地啸叫着，力图用小小的脚尖去踏破厚厚的雪层，这本身就是一幅绝妙的嬉戏图，当然，代价也不小，那就是一个冬天"运动"下来，手和脚都有好几处冻疮，冻疮又肿又痒，当然还很痛。奇怪的是它们都生在手掌边沿、脚掌边沿或各自的小指头部位，脚心永远不生冻疮。

冻得红肿的小手，冻得紫红的脸蛋儿，加上流鼻涕时顺便揩过去的衣袖，硬邦邦又亮晶晶的衣袖，是故乡冬天赠予我们这群小运动员的礼物。

再追忆起来，故乡少儿体育项目中还有游泳。在城北小水渠中的游泳，俗称"扑腾水"，从小桥上一跃而下，是让孩子表示自己胆魄的形式，其实质类似如今流行的"蹦极"。不同的是参与"蹦极"运动者衣冠齐整，而故乡的小桥跳水者则裸体跳跃，素无顾忌。此项运动我极少参加，胆怯加羞怯，但对勇敢者充满景仰之情是理所当然的，否则我不会在这里写出来。

榆钱儿

有一年出差到呼和浩特，正赶上春末，满城是云絮般滚动的杨花。

北京城也有杨花，它们的家族每到春日里同样爱凑热闹，把北京城涂抹得朦朦胧胧，有时碰巧沾几朵在脸上，痒痒的，等闲挥之不去。

榆钱儿就没这么张狂，尽管它也是花。

榆钱儿是榆树的奉献，从它诞生之日起，就命中注定要成为孩子们掠食的对象，所以，我对榆钱儿印象最好。

在我的故乡科尔沁草原，榆树、杨树、柳树并着肩长。柳树一般生长在热闹的广场中央，长发披散开来，显得风姿绰约；杨树大多是钻天杨，它们的存身之处多为田野或公路旁，手拉手抗拒着塞外的风沙，因此，它们顶辛苦；榆树愿意在房前或墙角扎营，常常探身出墙头，向我们招手。

柳树的奉献是柳笛。折下一枝小手指粗的柳枝，拿小刀切割齐整，然后搓一搓，使绿色的树皮略略熟软，猛一下褪出树枝，一管柳笛就温驯地呈现在你手中，愿意怎么吹就怎么吹。柳笛声根据柳枝的粗细调整其大小，粗笛声音浑厚，"呜呜"的像牛吼；细笛声尖利，"吱吱"的像雏鸡。

春日里，我们常常绿着掌心和嘴唇，捏着十几管柳树馈赠的笛儿回家。柳笛要现制现吹奏，搁置一夜，第二天就无法吹响。春天把自己的歌声寄存在柳树的枝叶里，每个孩子都有本事把这歌声找出来，这是一种童年的专利。

杨树很矜持，个子长得令人望而生畏，因此，实际上是和我们最无缘分的一种树。只是那树叶很大，像小小的扇子，叶蒂很坚韧，偶尔拿来斗草，也别有意趣，不过那是秋天里的事了。

剩下的就是榆树了。榆树在我们的眼里像一位慈祥的老奶奶，这指的是老树；中年的榆树类似于幼儿园的阿姨；再年轻些的榆树，哪怕碗口粗细、一人多高的，也能擎出几串甜津津的榆钱儿，就凭这一点，喊一声"榆姐"也值得。

总之，榆树是女性之树，母爱之树，也是欢乐之树，美味之树。榆钱儿的确很好吃，尤其在清晨，露水还浸润着榆钱儿的时候，它们亮晶晶、绿莹莹，像一串碧色的玉荚，折下一枝，如糖葫芦般从上吃下去，滋味儿妙不可言！第一片如果入口欲化，第二片一定稍稍提醒你仔细咀嚼，第三第四片呢，你能从中尝到露水与榆钱儿混合之后的天然甜美、曙色与夜色寄托其间的浑厚纯净，以及科尔沁草原固有的土地的芬芳。小小的榆钱儿吃完了，你会意犹未尽，把目光停留在更高更密的榆枝上，然后，想方设法爬上墙头骑到树杈，在枝叶的遮蔽下吃个够。

故乡的榆树多，但让我们一批顽童大吃榆钱儿的树们很平庸，顶出名的我没见到，据说有棵大榆树曾让明成祖朱棣叹为观止。其时朱棣北征，在草原上陡然遇见这株突兀的冠盖状的大榆树，觉得很神奇；后来康熙皇帝北巡科尔沁草原，还曾在这株古榆下乘凉。这棵树，身高二十五米，腰围七米多，四条汉子还抱不拢，绿荫覆盖的面积将近五百平方米，了不起的榆王！

我离开故乡时刚十三岁，在那个年龄，不可能跑到几十里以外去欣赏一株大榆树，哪怕永乐和康熙驻过马、乘过凉的大榆树，对孩子来说也没有意义。

但我之所以要搬出这株古榆，只想说明一下故乡榆树的气势及种族的强悍。

那大榆树据说是"神树"，灵验得很，旁边专门筑有一座"天增寺"，为这古榆护法。由于是"神树"，满树的榆钱儿再甘甜，也没人敢去采，在孩子们的眼里，这是极不痛快的一桩事，简直可以说是对造物主的轻视。

　　我决心抽暇回故乡走走，去参拜一下神奇的大榆树，我要把自己童年时从它的种族身上获取的思想倾诉给它，把我的感激呈现给它。吃不吃榆钱儿，对已近不惑的我来说，早已变得不那么重要了，但我敢保证：我的小女儿一定爱吃！

　　榆钱儿，能购买欢乐和童趣的珍贵货币，贮存在记忆的银行里，你将拥有无比丰厚的感情利息。

　　只可惜北京城里……

冰糖葫芦

中国的确太大了！不说别的，仅这吃物，就分出了五彩缤纷的南北大菜，让你听声品味，看谱流涎，难怪国外时不时掀起一股中国菜的热潮。

冰糖葫芦不是菜，只是一种北方冬日里常见的小零食。每当寒风骤起肆虐于街头时，它便鲜亮亮地出现了。寻常见到的，是插在金黄的麦秸上，像给冬姑娘头上插了一串艳红的珠花，那么惹人和显眼。然后，卖冰糖葫芦的人甩出一声脆而甜的高腔，让这声响悠悠地钻入到你的耳内，撩拨着你的馋虫，于是，转眼间手上便擎住了一串亮晶晶的红珠。吃着冰糖葫芦，不仅让你感到酸甜爽口，冰凉沁心，好像总多着一些"解馋"之外的东西。我想，很可能是因为冰糖葫芦是北方的小吃，是冬天里调剂生活、增添色彩的食物，故而吃起它来，总让人感到快慰，至少，不同年龄的人都能分享到共同的快乐。孩子能吃出顽皮和天真；姑娘能吃出妩媚和娇嗔；鲁莽的小伙子，能吃出自己的豪放和爽快；迟暮的老年人，通过品尝冰糖葫芦，让自己的行动证实着老当益壮、童心未泯。尤其在冰场上，看到那些飞驰的人影、滑动的精灵举着一根冰糖葫芦在奔驰时，你怎么能不跃跃欲试，想冲到冰上去一显身手——冰糖葫芦属于冰，属于冬天，属于北方，这是当然的。

北京的冰糖葫芦品种颇多，以原料区分就有海棠果、黑枣、山药、荸荠和山楂诸种。其中最为普通、最受欢迎的当属山楂蘸的冰糖葫芦，这好像是冰糖葫芦的正宗，真正的欣赏者和爱好者，都对其他品种不屑一顾。也许是色彩的艳丽，也许是味道的可口，也许什么也不是，就因为山楂和冰糖葫芦有缘分，人们才爱吃。总之，我观察过卖冰糖葫芦的，十有八九卖的是山楂冰糖葫芦。你说怪不怪？

我是冰糖葫芦的一名坚定的吃客。打小就爱吃，除开在云南生活过的十年，没尝到这冬天的馈赠外，几乎在记忆里是年年不漏。因为，我每逢吃起这种小吃，就被引出一段童年生活中有趣的记忆，冰糖葫芦的酸甜混杂着淡淡的辛酸，每每让人思念遥远的故乡、美好的童年，以及弥足珍贵的友谊……

记得在一年冬天，我们放了寒假，照例是找同学们一起消磨时光。消磨时光的办法很多，可以坐在火炕上听老奶奶讲故事，不知不觉地沉浸到富有民族传统的历史演义中；也可以三五成群，围一张小桌打扑克、下军棋。天气好时，在雪地上滚雪球、打雪仗、堆雪人；或是扫出一块平坦的地面，聚在一起打弹子，这时哪怕手冻得发僵，肿得像个小馒头，也在所不惜——冬天自有冬天的乐趣！

我的一位好朋友却不在家，这位同学由于家境贫寒，兄弟姐妹一大群，许多担子便落在了他这位长子肩上。而他做什么去了呢？原来到街上卖冰糖葫芦去了。

这委实使我扫兴，而且更扫兴的是他的行为——卖冰糖葫芦。这哪像一个新中国的小学生从事的工作呀！我决心找到他，把他拉回到暖和的房子里，共同讨论孙悟空败于杨二郎的原因。

他果然在街头，一根绑扎着麦秸的木棍上，插着几十串冰糖葫芦，这木棍斜支在新华书店的橱窗前，被冬日的太阳一照，闪出红亮的色泽。我的好朋友仿佛漫不经心地站着，既不吆喝，也不走动，倒时不时欣赏着橱窗里的摆设。见到我时，他咧嘴笑了，这笑不知是欢迎还是自我解嘲。可我看到寒风中站立的这位同学，适才的想法不仅被吹跑了一半，竟自有些愧怍起来。是的，卖冰糖葫芦有什么不好！自食其力，自谋学费，这倒往往是家境富裕的同学无法达到的境界。

于是，我这本来想干涉的人，倒变成了他的同伙。站在这位同学的旁边，油然生出一种自豪感，扯开嗓子替他大声吆喝起来："冰糖葫芦！又脆又甜！咬一口甜掉牙咧……"

然而，生意却很冷清，天冷，出门人少。摆了一上午的架势，满打满算才卖出去四根冰糖葫芦，显然离销售一空的目标还很遥远。突然，我看到弟弟和一伙儿小朋友来了，这倒是一群合适的顾客。我叫住他们，请吃冰糖葫芦："哥哥请客。"这下子打开了销路，麦秸上的"货"猛然减少，而且弟弟他们的快乐，感染了行人，许多本来不想吃的，也动了馋虫，不由得也凑过来买上一根。于是，转眼间只剩下了三根冰糖葫芦插在麦秸上，像三个快乐的惊叹号！

我把弟弟和小朋友们吃的冰糖葫芦钱交给这位同学时，他收下了；我把最后三支的钱交给他时，他却不收，并且有些嗔怒了，这倒使我惶惑起来。是啊，生活中的事就是这样，在一根冰糖葫芦上，不也可以体现出友谊和情感吗？他是把三根冰糖葫芦作为对友谊的酬答，尽管这酬答极其轻微，但对于一个孩子来说，却是弥足珍贵的。

从此，我和冰糖葫芦结下了不解之缘。

甘 草

　　今年北京的冬季，显得格外冷。从内蒙古游荡过来的冷空气，恶作剧般地在首都上空转悠。许多敏感的人便颇不情愿地承受了感冒病毒的"恩惠"，一个个难受起来。这例证之一，是我一步入宿舍的楼内，便嗅到一股浓烈的药味儿。药味甜丝丝的，看样子是甘草为主的汤药。这药香，一下子把我的思绪拉得很远很远——我想起了童年生活一件与甘草有关的小事。

　　故乡的甘草，粗且绵长，质量是上等的。因此，每年土产门市部都要大量收购，运往关内各省。这挖甘草的副业，也使我的乡亲们有了一笔小小的收入，可以补贴一下远非富裕的生活。

　　我由于住在城里，不知道四乡农民挖甘草的情形，也没见过掘遍沙丘向土地索药的场面，然而，我却识得甘草。我常常从地里扯出它的根，放在嘴里品咂，借那一丝甜味，解一个孩子的嘴馋。甘草有一条蔓形的茎，很像是豆茎。抓住之后竭力拔起，往往能得到两尺左右的甘草草根，入药部分即此根。其实，若有铁锹和气力，可以掘到粗如拇指、长达丈余的甘草。可惜当时我们信手拔出的，常常是一棵甘草的十分之一，而且纤细如麻绳，味道也差得远。

那一天我们一群孩子闲暇无事，到郊外沙丘上捉蟋蟀玩儿。蟋蟀捉得差不多了，便拔甘草取乐，每人吃得嘴角发黄，沾满了土末，模样十分可笑。

沙丘下面是一条通往县城的乡间马路，刚下过雨的路面，坑坑洼洼，高低不平。这时，远远看见一辆马车，拉着一车柴火走过沙丘下面。不知怎么搞的，大车竟慢慢倾斜，眼看着就翻了车，一车柴火也散落在地上。赶车的是一位老大爷，看他那无可奈何的样子，我们一拥而上，去帮他重新装车。谁知到了车前，一看满地的柴火竟不是什么柴火，全部是拇指粗的甘草！这样粗的甘草，这么多的甘草，是我平生第一次见到。我有点不太相信自己的眼睛，折一节放在嘴里嚼嚼，方知是真的。

我们从路基下七手八脚地拎起甘草捆，帮助老大爷重新装好马车。老人十分感谢我们这帮不请自来的小帮手，却翕动着嘴唇说不出什么话来。待马车启动后，才猛然想起什么，又吆住了马，从车上取出一捆甘草，交到我手里。

这是一捆沉得压手的礼物，我捧着它，一时不知怎么办才好。的确，我们爱吃甘草，没事儿时口袋里总爱装上几节，放在嘴里咀嚼。这一捆甘草，足够我们几个孩子吃上一年！真是梦寐以求的好东西啊！可是，帮人家一点小忙，就收下这么一份礼物，合适吗？

马车已经走远了，崎岖不平的土路上，深深的车辙中，碾过我们这群孩子困惑的目光。

这是一捆使我们为难的礼物。大伙商量了一下，决定不能收下老人的礼物。可是，要想送还给老人已是不可能的了，远去的马车已无法追赶。

这捆甘草给我们带来了极大的困难，也带来了莫大的快乐。我们扔掉了捉到的蟋蟀，放弃了外出郊游的计划，抬着这捆甘草，向城里药材收购站走去。看到街上行人投来惊羡的目光，我们感到非常得意。

甘草终于卖掉了。

一笔在当时看来的"巨款"——五元钱，攥在我的手心里。小伙伴们簇拥着我，四处寻找着赶马车的老大爷。大街上，热包子、炸油条和瓜果们排成一个挑衅的阵势，用它们的香气和笑容诱惑着我们，企图从我的手心里夺走这笔"巨款"。说句心里话，抵抗这种诱惑是很困难的。

老人不知到哪里去了，找遍全城也没有看到。那辆马车也好像在童话里一样，神奇地消失于地面上，只留下一个记忆、一种印象。然而，手里的五元钱却在证明着一个事实：我们无意中做了一件好事，却得到了一份过于厚重的酬谢。该如何处置这笔酬金呢？

按一般的惯例，这笔钱应该交给老师或警察叔叔，可我不能不遗憾地写出一个远非令人满意的结局：这笔钱我们挥霍掉了。

　　我们没有找到卖甘草的老人，没有想到要去做一名受表扬的好孩子，嘴馋和眼馋在左右着我们的意志，大伙儿终于做出一个大胆的决定：先去电影院看电影，剩下的钱献给西瓜和甜瓜的主人们，感谢他们在炎热的夏日带给人们的享受，最后，大伙儿集体品尝一种小城新兴的夏季食品——冰激凌，开了一次不大不小的"洋荤"。

　　这就是一段有关甘草的回忆。

　　这是一个索然无味的故事，可我却常常奇怪这件小事为什么能长留在记忆的筛眼里？也许是平淡的童年生活，值得记忆的太少？也许甘草本身所具有的滋味令人难忘？也许什么都不是，仅仅因为卖甘草老人慷慨的酬谢，使我们窥到了艰辛、平凡的生活中那种快乐、豪迈的闪光！要不，就是为自己花掉那五元钱感到忐忑和内疚？孩子是天真的，童年是无邪的，突临的馈赠使我们失去了内心的平衡，产生了一个又一个快乐的欲望。这，是赶马车的老人始料不及的。

小城无故事

我的故乡位于内蒙古的科尔沁草原，说起来是很年轻的一个县。据县志记载，我的故乡开鲁正式建县是在光绪三十四年（1908 年），距今也不过百年。因为这里从前有一座元代白塔，开鲁因此被人称为"他林苏布鲁嘎"，这是一句蒙语，意思是塔周围附近低凹平坦的地方。

这座十三层的白塔，是小城开鲁的最醒目的标志，也是它最著名的文物。20 世纪 60 年代修复白塔，塔顶上发现了一批辽代经文，引起了考古学界不小的轰动。辽代为什么要选择开鲁这块土地建塔？我至今不得而知。

关于故乡这座白塔（它与北京北海公园的白塔极为相似），我曾写过一首小诗《古塔》来表达自己的情愫，诗是这样的：

古塔之影，

叠印在我记忆的屏幕。

洁白、高大，

带有几分恐怖。

儿时，我以为塔内有白蛇盘伏，

许仙的一腔衷情，

为古塔而倾吐；

我以为法海老和尚，

是故乡佛门的耻辱。

儿时，我不敢从塔下走过，

生怕白娘子一怒，

把我吸入肚腹。

我甚至相信，连麻雀

也不敢在白塔上栖宿。

古塔其实不古。

我在塔下散步，

想寻找昔日那

战兢兢的甜蜜、

诱惑人的恐怖，

只找到绿草芊芊

和翻飞的蝴蝶，

只找到厚重的

成熟和酸楚。

小城的孩子们

想必与我儿时一样，

对古塔的身世

充满奇异的猜测和关注。

古塔无言。

耸立在草原深处，

荷一轮朝阳，

气象肃穆。

我想，快乐加几分恐怖，

也许正是儿童时代，

难能可贵的礼物。

以上是我对故乡白塔诗意的总结。写这首小诗时我已经三十五岁，三十五岁的人已是宠辱不惊、所见世面颇多，可唯独对故乡白塔情有独钟，为什么？源于一种民族文化心理的审美积淀，《白蛇传》的故事本发生在杭州雷峰塔下，可偏偏我打小就认定白素贞她老人家一直被压在开鲁白塔下，法海也应是我故乡的名士，一个令人极为讨厌的、多事的坏蛋。这种偏执的认识，结果是我从不敢靠近白塔一步，绕着走。

开鲁除了白塔这一佛教纪念物外，城西北有一座天主教堂，城南有一座清真寺，城内还有一座关帝庙。天主教堂在我出生时已改为小学校，我就是在这所名为"民主小学"的前教堂里读的小学一、二年级，也是在这所小学里加入了少先队，我因为顽皮而被排在第二批入队，这使我承受到人生的第一次打击。"毛主席万岁"五个字是入学第一课，我写得挺吃力，尤其是"席"字老是写不好，下半部的"巾"字总是滑出格子外。我十分恼怒自己的笨拙，也正是这个永远写不好的"席"字，使我对以后所有的线条及色彩失去信心，我的美术课从此没拿过高分。

开鲁小城，分为方方正正四块城区，以城的中心十字街为轴心，四城区的命名具有时代特色：和平、民主、胜利、解放。每街有一所小学校，我在民主街小学读到二年级时，县政府在解放街盖了两排红瓦房，当地人称"红房子"，是50年代中期著名的建筑，也是小城威严与权势的象征。我父亲是县委书记，自然有资格搬入"红房子"，于是，我开始了第一次转学，成为解放小学的学生。

小城无故事，但有文化生活，譬如京剧和评剧。

第一次看京剧，大概有两岁，是叔叔和小姑（故乡称老叔、老姑）两位年龄距我最近的长辈带我去的。戏园子很简陋，观众坐在长条凳上，演员打扮得花花绿绿，在一块很小的台子上表演，他们演的是武松戏。水平（这是很华丽的一个词）在我看来极高，反正我如醉如痴，回到家中就肆意模仿。补充一句，姑姑和叔叔买的是站票，他们当时的年龄仅十五六岁，由叔叔把我"猴搂"在脖子上，我于是享受了人生第一次特殊的戏剧启蒙。

开鲁县有新、旧两个剧院，老剧院是日伪时期的建筑；新剧院则建于 50 年代后期，白铁皮屋顶，像俄罗斯风格。旧剧院由评剧团管理，新剧院由电影队负责。小学校组织我们看评剧，我不喜欢看哭哭啼啼的"苦情戏"，从此也中止了对评剧这门东北特色戏的喜爱。

班主任的故事

若干年前我脱下军装从云南军营回到北京，在家等待分配工作，大约"待业"两个月。这期间我曾认真思考过自己的职业选择，认为最令人着迷的是到图书馆当一名管理员，守着无边的书海去尽情浏览，简直是神仙过的日子；第二种迷人的职业就是当一名中学的班主任老师，领着一群毛孩子春游秋游，游个没完没了，然后，送他们上大学成为国家的栋梁之材，然后我就须发苍然地老去。

促使我产生第一个志愿的原因是精神饥渴。萌发第二志愿的原因要复杂一些，这里面有性格因素，因为我一直很喜欢孩子；还有受马卡连柯《教育诗》的影响，他的成功使我入迷；另外，可能就是我少年时的班主任所留下的美好印象了。

我的班主任叫张和，一个矮个子的男子汉。矮个子和男子汉能和谐地统一在张老师的身上，不能不说是他的气质使然。

张老师很严厉，严厉到使我至今难以回忆起他的笑脸；但他无疑是会笑的，可很少当着我们的面。他是个多才多艺的人，能拉一手很不错的手风琴，且有一副浑厚的男中音嗓音，当他拉琴唱歌时，就是我们这群顽童的快乐节日。

此外，张老师爱好乒乓球，技术在全校第一；打篮球时灵活机敏，身手矫健得像猞猁，这几项特长，足以让每一个男孩子敬佩不已。

张老师还会喊操，凡全校集合或列队游行，以及课间十分钟做广播体操，一律由他统领。每逢这时张老师都充分发挥他男中音的长处，下达的口令清脆有力，富有节奏感和暗示性。当他的喉结一跳一跳喊出令我们心悦诚服的口令时，他的个子陡然变得魁梧高大，让人望而生畏。

长大后我读《拿破仑传》，才知道矮个子的威风方是真正的威风！因为拿破仑有一则出名的轶事：他向一位元帅下命令，元帅比他高出一头，可拿破仑并不在乎，说如果你不执行命令，我马上缩短咱们俩身材上的距离！他拿手掌比画着元帅的脖梗子。

每读到此处，我都会下意识地联想到我的班主任老师，于是偷偷一乐，只敢偷偷一乐。

其实追忆起来，张老师很少朝我们发脾气，可是我们从内心里惧他三分。如果再细琢磨，可能这种心理积淀源于他对功课抓得紧！

张老师给我们当班主任，是在小学五年级以后，也就是小学高年级。他既教语文，又教算术，有时连体育也捎带上，说来真够辛苦的。张老师教语文，重点是作文练习，其次是中心思想、段落大意的提炼、分析。这两点使我以后受益匪浅。作文练习锻炼了文字技巧和观察事物的能力，后者使我在当评论编辑时悟到概括的重要，这些都是后话。在当时却一度烦得不行，能应付时必应付，为此没少被张老师批评。

批评归批评，张老师却一直表扬我的作文。有一次春游归来，命题作文，然后全校比赛，我的作文居然获了第一名，得到了一册作文本的奖品——这是我平生得到的第一次奖励，故不可不记。我相信班主任张老师是为我做了大量工作的，因为他指定一位最有风度、最会朗诵的女同学代我朗诵，使我的作文大为生色，否则，让我自己去读，很可能大败而归。

那次春游只在城郊的一处树林里吃了一顿野餐，在我的故乡科尔沁草原，这实在是再平常不过的一次活动。可是由于张老师让我们写出作文，春游便显得意趣横生，审美成为极重要的程序。我觉得张老师很懂教育心理学。

张老师的确常常拿心理学"镇"我们，每逢班里出了什么事故，比如抄作业之类，他总是板着面孔背着手，先在屋里走一圈，然后扫视一下大家，说道："我是专门研究过心理学的，你们谁抄作业我全知道，不过我相信这些同学的自觉性，下课后来我办公室一趟。"

这一招极灵，下课后准有人乖乖地去向张老师认错，我不知道有谁能有勇气对抗他的"心理学"，反正我当时很怵，觉得既然老师这么高明，咱们顶好还是别闹腾。于是这么一来，我成了张老师的得意弟子，语文课总是考在前三名。

算术课似乎枯燥些，张老师对算术课的诀窍是考试。他考得很勤，五天一小考，十天一大考，半个月一次摸底考。考试一般用上半天、三节课的时间，可是如果你基础好、答题快，一般可以抢出一节课的时间到操场游戏。我掌握了老师的窍门，每次都争取第一个交卷，然后兴冲冲地去玩。为此，张老师不止一次批评我"粗枝大叶"，但我总改不了，甚至这毛病延续到今日，回忆起来，真不知是该感谢他还是责怪他。

我的算术至今平平，好在有了电子计算器，一般账目也能应付。但每逢轮到我家交房租水电费时，我还是感到小学时算术课上得太毛躁了一点，因为常常出现缺三毛短五分的技术性错误，即便拿着计算器。这是"童子功"没打好，怪谁呢？

张老师教我们这个小学毕业班，几乎全班同学都考取了中学。刚上中学，我就随父母亲调到了贵州，然后是一连串地迁徙，由于转学频繁，班主任也走马灯地换，细想起来，最亲密的竟只有我的张和老师。

他的严厉面具下的温厚，他的对孩子们由衷的关心，他的多才多艺，以及他默默无言的教诲、殷切的期望，这一切都留在我的记忆中，等闲不肯褪去。

尽管我最终没能当上班主任，但我选择了儿童文学作为自己创作的园地，并努力在这块土地上种上几株有特色的花卉，献给我热爱的孩子们。我认为这里面有着班主任张老师的智慧的播种、心血的结晶，所以，我写下这篇短文，献给所有献身于教育事业的园丁们。

真的，当我们须发苍然时，有什么礼物比得上孩子们真诚的追忆更珍贵呢？

我想是没有的。

续《班主任的故事》

1986 年夏天，我回到故乡，带上了六岁的小女儿。故乡的夏天已阔别二十年，沉在记忆中的，是翠绿的瓜园、喷香的甜瓜，是欢鸣不已的蝈蝈、小渠中的流水，当然，也有我的小伙伴们。

我走访了自己的班主任，他当年风华正茂，一架手风琴拉得出神入化，一手乒乓球举校无双，一堂语文课让你如醉如痴，当然，发起火来一顿训斥又让你垂头丧气。现在我的老师已五十多岁了，师生相见，一开口，却说起当年的淘气事，再开口，说的是一个班的同学们均人到中年，各奔东西，竟有些酸楚起来。

然而话题一转，老师又笑了。他想起了什么？无非是我小学时的淘气事。其中尽管不乏张冠李戴的误解，可我也不知是真是假，一并全认下，谁叫我是老师的学生呢！

老师记得我的粗枝大叶。

"粗枝大叶"这一成语是那么早地强迫我接受它的存在，无非来自老师的期末鉴定，当然，有时换一个词，叫"粗心大意"或"马马虎虎"。这一毛病的产生，全怪考试。

我打小就爱考试，其实是爱争强好胜。考试时脑子分外灵光，笔也分外流利，常常第一个交卷。或是严重点说，以第一个交卷为己任，这种追求的结果，自然落下了上述的评语。

第一个交卷子的我，却少有考为第一名的，然而也落不下前五名。于是老师说我"脑瓜儿好使"，这很使我飘飘然。

其实，我知道自己的脑瓜构造平平，有小聪明而无大志向。当时只是为了应付"考考考"，抓"分分分"，岂有他哉？

老师还记得我的顽皮。

我的顽皮特点是"蔫淘"，喜欢背后鼓捣，不愿当面犯刺。记得一次暑假作业，题为《记一件好事》，小伙伴们一个暑假在水渠中扑腾水，脑子里没一件好事的影子，便来找我合计。我编了一个在百货公司捡钱包的故事，又写了下来，煞有介事。小伙伴们依样画葫芦，于是我的老师开学时检查作业，突然发现他的许多弟子都运气很佳地捡钱包上交，又十分谦虚地得到表扬。在纳闷中稍一琢磨，便猜到了"钱包"的出处，结果"好事"变"坏事"，挨了一顿批评。这个典故最早出在我的表哥身上，他当时已回归农村，捡钱包的故事便只能由我编派了。

可见没做过的好事千万别编。

老师也记得我的好读书。

故乡的小学，有一个小图书室，平时不借阅，每逢冬日放寒假，同学轮班来学校值日，书便敞开浏览，任你翻阅。因此，每逢放假，我别的不盼，就盼早些到校值日。

可以想象一下，在漫天的大风雪中，围在温暖的火炉边静静地读书是什么滋味！窗外的寒风呻吟着，也想挤进来烤烤火、翻翻书，想和我们聊天说话。可是此时此刻的我，却早被"吹牛大王"敏豪森伯爵领着，去非洲猎狮子，去骑炮弹旅行，去用黄油打野鸭子，又用通条抽狐狸去了。那时节，我还闯入苏联作家比安基的动物世界，翻阅他的《森林报》，与形形色色的小动物们交朋友，同它们一块去历险、玩耍，增长森林知识的同时，也增长着一种对大自然和小动物的爱，增长着人与动物的理解程度。在那火炉边，我还读马雅可夫斯基、普希金写给小朋友的儿童诗，知道世间居然有这种可以分成短行让人读的文章；读云南民间故事、读义和团与红灯照的传说，也读《东周列国志》与《西汉故事》的儿童版，作者叫林汉达。我至今忘不了他写下的伍子胥过昭关和鱼肠剑的悲壮故事，也忘不了刘邦与张良、韩信与蒯通的形形色色的悲喜剧，力可拔山的楚霸王以及他那失宠的亚父范增，格外让人同情。总之，在小学校的小图书室，在大风雪的大冬天，我眼前幻现出一个无比辽阔、无比丰富的世界，这个世界以不可抗拒的魔力吸引着我，又给予我千里眼和顺风耳，使我耳聪目明。然而我知道，要是没有书，也就失去了这一切。

高尔基的《童年》《在人间》中，明明白白地昭示着这个真理。而他的感觉，一个外国老头儿的感觉，在那风雪之夜竟如此奇妙地与一个中国孩子的感觉相沟通，使这孩子早熟而敏感，谁能不说是缘分？是的，这是一种书缘。

老师似乎还记得我的许许多多的往事，但他独独忘记了一次对我的惩罚。

那是上自习课，老师不在教室不过十分钟时间，我的邻座同学开始打破宁静，站起身来扮鬼脸，又背着手学老师走路的姿态。他的样子想必十分滑稽，同学们开始嬉笑，继而哄堂大笑。

我拿出一本小儿图画书，只管在白纸上描摹赵云的英雄模样。这位邻座看我不受诱惑，也不捧场，便过来挑衅，故意碰我的手肘，于是赵云画成了张飞，我们俩开始"长坂坡大战"，同学们在一旁开心大笑。

突然，一切静了下来，我从地上爬起身，能感到老师愤怒的目光要穿透我的脊背。果然，老师冷冷地发话道："你们俩，出去！"

我们背起书包，英勇而又沮丧地提前两小时回家，在路上没有彼此埋怨，也没有继续战斗，只感到有些屈辱、有点委屈，又感到罪有应得。心里苦辣酸甜都有，反正不是滋味儿！

第二天早上提前进教室，老师坐在讲台旁的桌子上批改作业。我小心翼翼地走过他的身边，他抬眼望了我一眼，目光中早已消逝了怒意，冲我笑了一下，继续做他的事了。这个笑容是那么亲切、那么温暖，我至今也忘不了。一个犯错误的小男孩儿，就这样取得了老师的谅解，头顶上的乌云刹那间散得一干二净，世界顿时变得明亮和谐，我觉得在老师的微笑中，自己变成了一个好孩子，或者本来就是好孩子。

可惜我的老师一点也不记得那漂亮的微笑了，更忘记了那微笑的伟大效应。

我却终生难忘。

在老师衰老的唇边，在他那布满皱纹的眼窝中，我寻找当年的微笑，我庆幸自己又找到了，而且发现这微笑从未离开过老师的脸庞！这笑容是一位老师的专利，是专为自己的学生们留着的，像一笔遗产，像一宗财宝，存在童年记忆的宝库里，能享受这宗财富的人，必定是一位幸福的人，一个重感情且敬重师长的人，我够资格吗？我问自己。

我的小学生活就在老师的记忆和忘却中、在我的忘却和记忆中一一呈现了。而且我突然发现，我的小学生活与童年生活，竟然平凡中现出灼灼的亮光，积淀着那么充足的温暖和热量。小城的确太小，太小便无故事可言，可是小城自有小城的乐趣。不是吗？从我与自己老师的晤面起，就感受到了小城的一切好处。

我的小学生活，不过是一个小城儿童平平常常的生活，那时我没有远大理想，更无当作家、诗人的抱负，却一心想玩得痛快、玩得自在，我觉得这一切才是真实的。所以，我极希望我的女儿、我的小读者们以及所有的儿童，拥有一个欢乐而自在的童年，一个严厉而慈爱的老师，一群聪明淘气令人生气又让人喜爱同时须臾不可分离的伙伴。

真的，有了这些，你的童年尽管没有巧克力和电子琴，没有电子手表和玩具手枪，我保证你仍然幸福无比。

以上就是我的"童年视角"及"童年观"，也包括我对教育过自己的师长、包容过自己的小学校由衷地感激和怀念。

一晃四十年过去了，再一晃，我们这一代人就苍然老去了。唯一不老的是记忆——童年的记忆，愿我们永远地拥有这份礼物。

外祖父

外祖父，在我的故乡叫"姥爷"。姥爷叫起来更亲切，而且字眼少，脆生。

我的姥爷个子很高大，在我的亲人中，他可能是最高的一位。我父母身量中等偏下，但我和弟弟却几乎都达到了一米七八的身高，仔细想想，大概是姥爷的遗传基因起了作用。

至于爷爷，在我老叔才三岁时就过世了，对于我们这一代人而言，他的形象是一个永远的谜。但我猜想他个子不高，绝超不过姥爷。

姥爷显得高大的另一个原因是他的严厉。在我的记忆里，姥爷永远板着脸，"不苟言笑"这个词汇用在他的身上最贴切不过了。

姥爷是郊区的一个农民，但他又拥有城市户口，这很奇怪。作为农民他知书达理，能读各种古书，还能烧一手很有水平的菜。后来我才知道姥爷曾经是城里一家中药店的掌柜，公私合营之后他辞职不干，于是举家迁到城郊，当了"小城陶渊明"。

姥爷的确有几分陶渊明的遗风，他的住宅永远收拾得一尘不染，屋后的菜园子也如一件艺术品般种植得色彩斑斓：西红柿分黄、红二色各种一畦，黄瓜豆角也各自在竹竿搭就的空间抒发油绿色的情愫。紫茄子按长和圆的不同种类，有序地此起彼伏。沿墙种植的是向日葵，把一盘盘热烈的金黄耐心地举过头顶。在各色蔬菜们的分界处，姥爷饶有诗意地植上几株灯笼果，俗称"姑姑娘"，一种野葡萄味的小果子。这几株灯笼果是我心目中的圣诞树，只要一到姥爷家，首先奔向的目标便是它们。

姥爷的怪癖体现在对他唯一的儿子——我的大舅的态度上。不知什么原因，姥爷与大舅闹了矛盾，于是，他们爷俩之间竟有二十年不说话。二十年父子相处而不说话，非有绝大毅力者是做不到的，可是，姥爷居然能安之若素，泰然自若。可见他的倔强和古怪。在我的童年中，姥爷和大舅均戴着度数极高的眼镜，镜片后面是不肯对视的眼睛。大舅倒是温厚些，常常发出一些和解的信号，企图向姥爷请示一些问题，比如炒菜的方式等，可姥爷往往扭头走掉，给他一个直硬的脊背。每到这时我那可怜的大舅就掩饰性地咳嗽起来，苍白的脸上呈现出病态的红晕。

说起来大舅也很不幸。他参加革命很早，更早些时候就离开故乡到另一座城市的工厂工作。后来不知怎么查出他上中学时参加过"三青团"，在1960年自然灾害时工厂精简人员，便借此将大舅一家"精简"回到农村。

大舅是独子，似乎从小就娇纵，毛病肯定不少，而且干农活尤其笨拙。可能他的命运使望子成龙的姥爷彻底失望，遂有了父子间的反目。现在大舅早已被落实了政策，又回到他昔日工作过的城市，成为一名离休老干部，只是姥爷却早已不知道这些变化了。

姥爷是在20世纪70年代后期去世的。去世前我曾和妹妹赴故乡探望他，他已苍老得不成样子，但仍然面容严峻，白眉毛下的目光打量一下你，你仍能感受出昔日"老掌柜"的威严。

我赴故乡时正值冬季，那一天是难得的暖和天气。从大舅家吃罢午饭——吃午饭时姥爷坐在一旁看着我，破例为我倒上一杯酒。我军帽上的红星映在酒杯里，我把酒和这红星的影子一饮而尽，又祝愿姥爷健康长寿。姥爷身旁围坐着大舅和我的几个表兄弟，他们齐齐为老人敬酒，我看到姥爷露出了难得的笑容，尽管稍纵即逝，我知道，他已和大舅和解了。

那时节刚经历了冷峻的"文革"，人与人之间的互噬争斗反倒促使姥爷认识了他儿子的价值。这种和解对于我们家族来说无疑是意义重大的，我此次故乡之行，便因此而显示出了特殊的意义。

姥爷拄着手杖把我和妹妹送出屋，然而他又倔倔地走在我们的前头，一直导引我们走出那长长的农家院落。姥爷定定地站在院门口，向我和妹妹招手。我回头，一再地回头，猛然听到姥爷迸发出一声苍老的呼喊："你们走吧！……"我一愣，看到姥爷脸上滴落了两行清泪，在冬日的中午闪闪烁烁。姥爷挥手，扭脸，把近乎绝望的呐喊存入我的心底，这是我见到姥爷的最后一面，也是他老人家在我面前流露的唯一一次真情。

从此那伫立于冬日下的老人形象，那一种苍凉的呐喊和两行清泪便成为永久的记忆，令我每每忆及便感到心灵抽搐，姥爷实在是个古怪透顶的老头儿。

古怪的姥爷喜欢读古书，他唯一的听众是我那不识字的奶奶。这两位亲家十分交好，常在我家小聚，奶奶偏瘫在床，姥爷来探视她时常自携一本古书，从《说岳全传》《三国演义》直到《西游记》《说唐》，奶奶听姥爷说书十分虔诚、认真，烟、茶齐备，还让我旁听。因此，姥爷和奶奶的读与听，我成了最大的受惠者。印象最深的一次是姥爷把《说岳全传》中洞庭湖好汉杨幺读成"杨妖"，我恰恰认得这个字，便勇敢地加以更正，说杨幺是"什么"的"么"不读"妖"。奶奶大怒，举起烟袋锅禁止我多嘴。

可是，姥爷却异常和蔼，告诉我这个字就只能这么读。随后他旁若无人地继续介绍岳飞和王佐、杨幺和牛皋的一系列壮举，故事很吸引人，杨幺的名字便显得不那么重要了，反正不过是一个符号而已。现在回想起来倒是姥爷读得正确，他学问挺深。然而妈妈不久前告诉我姥爷的学问是在药铺当学徒时自学的，他本身竟没有读过一天书！如此说来，我的外祖父早在九十年前便属于自学成才者之辈，可惜我知道得太晚。

1990年春季我陪作家协会最老的一位书记葛洛到上海参加纪念"左联"成立六十周年大会，会议期间我们二人去看望巴金老人。葛洛与巴老曾在抗美援朝战场上共同生活过半年之久，友谊很深。他们欢乐地相聚、愉快地聊天。当我们起身告辞时，巴金老人慢慢地挪动着脚步，非要把我们送到屋门口。我们依依挥手，每一回头，都看见巴老那头白发，以及他惜别的目光和高高举起的手臂。

我猛然一愣，因为巴金老人的神态使我忆及十五年前的外祖父。同样的步履，同样的目光，同样的白发和手势。

这种联想使我匆匆逃离了巴老，我感到一缕感伤和忧郁正在胸臆间洇开、扩展，使我的心脏有一种久违的抽搐的痛楚。

也许和所有的老人相别时，都容易使人产生"相见时难别亦难"的感触吧！

姥爷的坟墓在我的故乡小城的郊野，墓上的青草早已几度青黄、几度枯荣。奶奶的茔墓亦在故乡，与姥爷的长眠之地相隔几十里路。他们二位老人是我所见到的最年长的长辈，如果说"根意识"的话，姥爷和奶奶是我记忆中的最深的根。父系和母系的血脉从他们而起，凝聚为现今我这么一条魁梧的大汉。我的确应该由衷地感谢他们。当然，古怪的姥爷没把自己的古怪和倔强遗传给我，又实在是一种遗憾。否则，我也许能体味一下二十年不和亲儿子说话的寻找孤独的境界，一定很奇妙。

还好我只有一个女儿。

故乡的夏天

故乡的夏日沉在记忆中，已有二十年没有浮出。

此番携六岁的小女儿回到科尔沁草原上的小城，便有使这夏天风景重现和投影的企图。重现自然指我的记忆，投影则以女儿的心灵为屏幕，使她知道世界上除了幼儿园的围墙，还有别的内容。

故乡的夏天，在我的记忆里是极美的。且不说草甸子上的马莲花是如何放出蓝色的诱惑，绿蝈蝈们又如何肆无忌惮地调情；也不说高粱地里的小径是如何幽远深邃，通向炊烟和豆地，仅是一座又一座的瓜园，在青纱帐摆出款待你的架势，便已是让人销魂的了！

故乡产甜瓜，也产"打瓜"（即子瓜）。甜瓜香且脆，食时略一擦拭，拿指甲在瓜腰上一划，再一掰，然后十分洒脱地一甩，瓜子便争先恐后地回归大地，只留下瓜肉诚惶诚恐地尽你品尝。"打瓜"更绝，多系白瓢，也有黄瓢，瓜园的主人向来往客人敞开供应，分文不取，条件是留下瓜子。

然而我回故乡，由于计算日期不准，早了半月，瓜果没熟，瓜园封闭，想来不免扫兴。

我的表弟们却高兴得很。

先是二姑的儿子宝忠，一位汽车司机邀我饮酒，继而是小姑的儿子王勇，一位中学食堂的厨师请我吃饭。两位表弟，在当年全是穿开裆裤的娃娃，如今俨然男子汉，且都撑起了一个家庭。同时还无意间遇到大姑的儿子文玉，一位刚从云南老山前线归家探亲的现役军官。这一聚会可够热闹的，结果以我酩酊大醉为句号，结束了小城的家宴。

宝忠与王勇，隔墙为邻。各自的妻子均在县医院当护士长，实在是交往十分密切的。

更奇怪的是宝忠竟于不知不觉中学得一身武艺。他为我表演气功，当面用两个指头捏碎了一块碎瓷，毫不费力；接着又用手掌砍断两块红砖。在喝啤酒时，可以轻松地用手指开酒瓶，这"功夫"令我目瞪口呆！细问，方知已拜师练了七八年了，练的是"少林罗汉十八式"。

王勇也有绝活。他会炒菜，炒各种小城里罕见的菜肴，诸如鱼虾类的鲁菜体系的菜谱，他均能倒背如流。此外由于曾在蒙古族地区干过收购员，十分了解当地风俗（当然，他也算蒙古族，不过是被汉族同化了的蒙古族），讲起来生动风趣，让我增长了不少知识。

文玉则矜持一些。他现在是人民解放军一个师部的组织科长，老山打完仗，退下来休整，恰恰我当年所在的部队一直在云南驻防，又是战斗英雄辈出的部队，交谈起来别有一番意趣。老山距科尔沁草原，相距何止万里，可我们表兄弟们多年不见，一见竟能对话交流，不能不感谢乡情的存在。

在猜拳劝酒的喧闹声中，我不知不觉地醉了。我已有十多年没有醉过酒了。上一次醉酒是在云南军营，几位战友解甲归田，心情郁郁，不能自已，于是过量，继而大醉，三天之后头尚眩晕，从此发誓不再喝醉。此番大醉，也许是表弟们情意殷殷，撤去了心中的防线，醉，便悄然掩袭了我。

醉后，宝忠与王勇十分内疚，待我稍能行动，自告奋勇陪我到乡下走一遭。一则看看奶奶的茔墓，二来领略一下当地的水库风光。于是，在一个黎明，我们三人各自骑一辆自行车，向五十里外的目标驰去。

奶奶的坟茔在一片柳林中，耸立得很高，蒿草萋萋。我跪下磕了一个头，宝忠口中念念有词道："姥姥，北京的大哥看您来啦！"这话一出，我差点落下泪来。奶奶一生坎坷，原先一直住在北京，后来不得已送回故乡，又半身不遂，直到今年春季去世时仍念叨着北京的晚辈们，可惜她的孙儿们只能遥祭而已。

我拍了一张照片，目的是让北京的父母看一下奶奶的茔墓。这里面丝毫没有什么迷信的色彩，只不过是一种情感的寄托。我想，此行离去，不知何时能再来上坟。我们的生命，源于这土丘下栖息长眠的奶奶，若说"寻根"，根便扎在这绿草萋萋的土地里。

从奶奶的坟茔向西，几十米处是一道堤坝，沿堤坝上的沙土路驱车，很轻松地到达了水库。水库名"他拉干"，建于 20 世纪 50 年代。目前旅游之风世界流行，小城居民不便登什么名山大川，这座水库就成了一个中心目标。我们下水游泳时，已有县城里的几辆面包车停在一旁，收录机里传出流行歌曲，许多人在跃跃欲试，然而不是来游泳，而是来捕鱼。当然，要经过特批才行。

有趣的是摸蚌。蚌，又名蛤蜊。齐腰深的水里，料不到有碗口大的蚌，且触足皆是，不一会儿工夫，我们三人便摸得十多斤，沉甸甸的一大网兜，让旁观的游客们艳羡不止。

在摸蚌时，我感到好像回到遥远的童年，又恍若在一种迷离的梦中，似梦又非梦。我被故乡的水包裹着，手中又握着硕大的蚌，头上是淡淡的云，蓝幽幽的天，这自然是最真切的；但我又是谁呢？从北京来的客人还是主人？是游子还是游客？你到这水库里，摸起这些性情温和的水族的目的是什么？是为了吃还是为了玩？这一切都不明晰，好像我从远方来这里，在这既是故乡又是他乡的土地上，只是为了卸下一种沉重的乡思。可是一到这块土地上时，原本沉重的乡思突然消逝了、不见了，好像从不曾在我的心底驻足过似的。一种遥远而又困惑的感觉包围着我。我在摸蚌，也在想摸清自己的思绪，摸出自己童年的记忆，摸一摸久违了的轻松。

可惜，一切又朦胧起来。

回城的路上，几乎没有一个行人。乡间大道平坦无垠，只有我们三人骑车飞驰，车后是一大袋的蚌，沿途洒下水珠，像是与水库故乡离别的泪。

不知这蚌们与人类的命运是否有相近之处？至少，在情感的封闭程度上，有某种相同的地方。

当我思考这些很玄乎的问题时，宝忠和王勇却兴致勃勃地谈起各自的职业，谈起对北京的向往。他们很实际地告诉我，等冬天有人到北京，要为我捎几条嫩羊腿，好让大哥吃顿涮羊肉。"北京的羊肉太贵，又难吃。"他们认真地评判道。

我们在暮色里，似乎嗅到了涮羊肉的香气，脚下加力，小城已遥遥在望了。

大迁徙的岁月

1964 年对我个人而言意义重大，这一年的夏天我参加了初中升学考试，在焦灼地等待录取通知书时，我知道了什么叫"芒刺在背"的感觉。也许就是在这一年的夏日，我彻底地告别了童年的吧。

记得考作文的题目是《向龙梅玉荣学习》，除了龙梅玉荣之外，我们当时崇敬的英雄从董存瑞、刘胡兰、罗盛教转到雷锋、江姐、许云峰，小英雄中还有刘文学，勇斗偷"海椒"（因为知道有这样一个"辣椒"的别名，故印象极深刻）的地主而壮烈牺牲。1964 年是英雄的时代，至少是认真学习英雄的时代，我在这种气氛下写下八百字的作文，应毫无问题，何况我的小学作文一贯被班主任所欣赏。

踏入开鲁中学校门时我激动异常，因为这是一所远近闻名的高质量的中学，是内蒙古自治区最早建立的七所中学之一。它建立于 1946 年，当时新四军三师八旅二十四团赶走了国民党军阀张念祖，解放了开鲁县，人民政府以新民主主义新文化、新思想为宗旨，建立起开鲁中学。再往前追溯，这所学校的历史更久远，大概在开鲁建县后不久就有了它的前身。开鲁中学是开鲁县的最高学府，是每一个小学生心向往之的圣殿，所以，一旦知道自己成为这所中学的一名成员时，我内心的自豪感就不言而喻。

但无论如何我想不到，自己与开鲁中学竟只有短短三个月的缘分。从9月1日入学，刚有些适应中学生那初中一年级的生活，比如"晚自习"，并且就此写下一篇作文《自习》被老师推荐到学校的壁报上，正沾沾自喜之际，一个惊人而又喜人的消息传来：我父亲要调到贵州工作。贵州在哪里？当时我一无所知。父亲为什么要调往那么遥远的贵州？我当然更无从知晓。只知道当时已是冬季，大雪下得极猛，奶奶经常处于暗自垂泪的状态，叔叔则炒了许多芝麻，继而用擀面杖把芝麻碾碎，掺上细盐，便成为佐餐的美味"芝麻盐"，以备我们一家人路上食用。

记得在一个寒冷的日子里，全家人坐上汽车向哲盟的首府通辽市进发，我裹住大衣坐在家具中间，塞外的风没有吹凉一个远行少年的心，我对未来的目的地充满神往和憧憬，因为，出发前一个高中同学递给我一句关于贵州的民谣："天无三日晴，地无三尺平，人无三分银。"他热爱中国地理，知识面宽，知道贵州的大概面貌。高中生悲天悯人看我的远行，但我从中看出了小城学子的某种嫉妒。兴冲冲地凭自己少得可怜的历史常识反驳他道："人怎么可能没有三分银？再说谁还使用银子，说的全是老皇历！"

在通辽住了两天，父亲接受了他的上级、盟委书记的饯别宴会，我们全家都出席了。在这次宴会上，我吃到了平生头一次尝到的一道古怪的菜：拔丝苹果。心想苹果居然有这种吃法！甜、香，还透着水灵灵的脆。吃拔丝苹果，是我在故乡的土地上最后的一次享受，也是 1964 年冬日里香甜的记忆。

很快坐上火车，到北京集结。敢情父亲这一批干部被称为"支黔干部"，全是为了支援贵州，从全国各地抽调。记得坐上火车时经过黑山车站，因为刚看过电影《黑山阻击战》（常被顽童读成"黑天煮鸡蛋"），印象极深，我站在站台上企图发现那著名的"黑山"，暮色苍茫里一无所获。

在北京小驻，第一次逛首都，第一次到天安门广场、故宫，还有动物园，第一次逛天桥吃爆肚，第一次坐有轨电车和出租汽车。好像到动物园坐的是出租车，父亲付了两块五角钱，那应该是我平生第一次坐轿车，司机和蔼可亲，一口绵软的北京话，听得入耳入心。第一次逛王府井百货大楼，四层楼爬高爬低，在地板上滑冰，感到这个百货大楼美轮美奂，丰富神奇，灯光耀眼明亮，货物又好又多。我首次在这里购物，买的是一盒扑克牌，小丑骑轮子的大小王，坚挺硬崭，手感好极了。

北京较之开鲁，暖和了许多，我们穿的棉袄棉裤、戴的棉帽子、脚下的大棉鞋，在北京都显得多余。越走越往南，也越暖和。于是，在 1964 年的冬季，我第一次感受到祖国真正意义的那一种辽阔和广大。

离开北京的第一个目标是贵阳。

当时到贵阳没有直达列车，须从柳州转火车。在北京到柳州的火车上，我和弟弟各自分得了一个上铺，这上铺使我们产生丰富的联想，想起海盗的军舰、地下工作者的接头地点，甚至还想起消防队员的救火车、秋千架……总之，我们像两个小小阴谋家一样，在列车相对应的上铺里，一会儿窃窃私语，一会儿爬上爬下，充分领略着一块自由的天地所能给予我们的愉快。当夜晚熄灯时，看车顶上的小灯倏然间闭上了眼，只有过道留下细微的光，再听着摇篮曲般的车轮滚过铁轨的声音，还有同车旅客的鼾声，我发自内心地感到乘火车旅行的巨大乐趣。尤其想到自己在睡梦中被转移到几百里、几千里以外的地方，这本身就像一个童话！

到了柳州，这是歌仙刘三姐的故乡！它以南国的浓浓绿色，彻底抹去了残留在我脑海中白皑皑的雪意。我看到满街满巷盛开的夹竹桃，看那带雨含露的花瓣，落英缤纷，一派春意，我下意识地想起故乡的"柳桃花"来，其实就是夹竹桃，所不同的是北方的柳桃花只能养在花盆中观赏，永远也长不高，哪里像柳州大街上的夹竹桃这样，长成一棵又一棵柳树般的模样？快活而又泼辣地把莫名的惊诧塞给一个来自北方雪原的少年！

再补充一句：柳州的芭蕉很好吃。还有，柳州的蚊子很凶猛，能隔着蚊帐咬人。这一切，都是南国特色、南方风味，蚊子和芭蕉，绝妙的一对物种。

关于柳州的夹竹桃，若干年后我写过一篇题为《柳桃花》的散文，后来这篇小文还被《新华文摘》转载，大概它记录了一个北方少年初到南方的真切的感受吧，我愿意把这篇文章摘录下来，让读者分享我近三十五年前的那种由衷和莫名的喜悦。

柳桃花

奶奶的柳桃花是她老人家的骄傲。

那花借住在一个小缸似的大花盆里，一点也不觉得委屈。每到春天就使劲儿地表现自己，在柳叶的烘托下，开出一团又一团桃花来。花色嫣红，如霞似火的模样，还有着一股药香，等闲是一株好花！

奶奶把我和弟弟视为柳桃花的克星和天敌，她只要一见到我们哥俩向柳桃花献一点点殷勤，马上口中叱骂不止，然后举起她的法宝——二尺来长的铜烟袋，于是我们对柳桃花只好敬而远之。

好在奶奶事多，有时顾不得老当她的"护花使者"，使我能够仔细地观赏——如果允许我使用这个文雅的字眼儿的话。

我先是用手扯下一片叶子，这叶子像柳叶，但比柳叶大，同时也比柳叶厚，极像一柄绿叶家族中的叛逆，依我看来，更像一柄匕首，柳叶尖刀大概是模仿这叶子打造的。我再揪一嘟噜桃花，心里犯嘀咕：怎么桃花会开在柳树身上？它们能结出甜甜的水蜜桃吗？香倒是够香的，桃花绝对赶不上柳桃花香，也比不上它们艳丽，但人家能结出小孩子喜爱的宝贝，你们行吗？想到这里，便把这束柳桃花扔到一旁，懒得再去研究。

慢，我又注意到柳桃花的拇指粗的枝干，像竹节，对，简直就是绿竹竿的转世。我找根竹竿来对比，柳桃花比竹节略短些，好像营养不良，没长开。这一发现很令我兴奋，喊弟弟来一块切磋。正当我们准备截取一段柳桃花的枝干进行现场解剖时，奶奶的烟袋恰到好处地落了下来。于是胜利大逃亡，把对柳桃花的竹子品性的鉴定扔在了脑后，也扔在了顽皮的童年时代，从此再没有去尝试着捡回。

奶奶的柳桃花的确好，至少在我的故乡科尔沁草原那座小城里是这样的。事实是能说服人的：每到春季，总有左邻右舍的七大姑八大姨来求奶奶，求什么？帮柳桃花压枝。

压枝，其实就是柳桃花的繁殖方法，从花枝中择一苗壮者，弯入盆土中压好，这根柳桃枝会自己长出根须来，然后取出移种到另一盆中，不多久，就长成亭亭玉立的模样，简单得很。

有一个时期奶奶的这株柳桃花实在受罪，好几条枝干被硬拽下身躯，捺进土里强行繁殖，它已经不大像柳桃，而接近于南方带气根的大榕树。不过痛苦归痛苦，既然世世代代的柳桃花都是这样繁衍后代的，照理说它应该毫无怨言。

奶奶的柳桃花，开放在我童年的记忆里，神奇而又珍贵。不过当我告别故乡，在一个大雪纷飞的隆冬季节随父母亲调往遥远的贵州时，途经广西柳州小驻，意外地发现了柳桃花的森林，那一切如童话般美丽，像梦境般绚烂。

我惊奇地走在柳州街头，踏着雨后大大小小的水洼，发现满街是高大的柳桃花，不，应该说是柳桃树，它们缤缤纷纷地怒放着，红得扎眼，白得醒目，不红不白的婉美动人。

南方的太阳，南方的雨，洗濯得柳桃花们华贵而雍容。它们高大的身躯遮住我，我失去了在北方攀折柳桃花的英勇，觉得自己已成为小人国的国民了。在柳桃花的树荫花簇中散步是平生头一遭，那浓烈的香气混杂在湿润的空气里，让人产生奇异的眩晕，仿佛你被大朵大朵的红云和白云覆盖着，蓝天只是极有限的断层，仰起脸寻找蓝天，只找到纷纷扬扬的花雨。

柳桃花，醉了一个北方的少年。

我把自己对柳桃花的印象写给奶奶，这是我写下的第一封信，我不知道在信中如何形容它们才好，只好老老实实地说道：南方把柳桃花当柳树种在马路上，柳桃花真的长成了柳树那么高！比柳树还多！

奶奶半信半疑，但我相信自此之后，她的铜烟袋再不会为了捍卫柳桃花的尊严而向小孩子们举起了。

不久前，读清人屈大均著的《广东新语》，无意中读到《夹竹桃》一节，屈先生考证道：

"夹竹桃，一名桃柳。叶如柳，花如绛桃，故名桃柳。枝干如箖竹而促节，故曰夹竹。本桃类，而其质得竹之三柳之七，柳多而竹少，故不曰夹柳桃。经岁有花，其落以花不以瓣，落至二三日，犹嫣红鲜好，得水荡漾，朵朵不分。开与众花同，而落与众花异，盖花之善落者也。故又曰地开桃。"

读毕，大开眼界，好像经屈先生一番解说，童年郁积的"柳桃花情结"顿时消散，仿佛自己也从宏观到微观，重新认识了柳桃花似的。

不，应该叫夹竹桃。奶奶种在故乡土地上的那株夹竹桃，如今怕早已化身千百，笑开万家了。只是她老人家墓上的青草早已萋萋，如果能有机会前去祭扫，我一定折一束夹竹桃，我知道，奶奶再不会责怪我对柳桃花神的亵渎了。

夹竹桃，故乡的夹竹桃，开得更热烈些吧……

柳桃花有一个美丽又有几分伤感的故事，我之所以摘抄它是因为我的奶奶。1964 年我们一家人告别她不久，奶奶突患脑出血，可没想到她老人家竟奇迹般地挺了过来；后来，我们全家搬迁进京，她又成为一名腿脚不利索的北京人，一住十几年。奶奶最终还是回到开鲁，支撑她的信念单纯无比：不愿被火化！

奶奶去世于1986年，春节期间，吃了一口黏豆包，突然头一偏，微笑着离开了这个世界。奶奶是我童年和少年中一个抹不去的存在，她的铜烟袋锅和富有乡村情调的叱骂每每令我温煦无比。父亲调动工作，奶奶承受的打击应该说最为沉重，可她以病残之躯生活到改革开放的1986年，生命力之顽强的确让人感佩。

奶奶没有自己的名字，我只知道她叫"高张氏"，她其实是应该拥有自己的名字的，或许我这个粗心的孙子从不知晓。

从旅途中的柳桃花岔开这么远，可能是回忆录这类文体的通病，我们还是回到火车上，回到1964年冬天的贵州。

贵　阳

贵阳在 1964 年底是很让人开心的一座省城。我们一家人同来自大连、萍乡、天津等几处的支黔干部家属住在贵阳饭店。父亲向省委组织部报到，在贵阳有数日的逗留。这期间他领我们游览黔灵山公园，沿山路石阶攀登，看满眼绿树修竹，还看哈哈镜展览，吃香且脆的花生糖，其乐融融。登黔灵山，觉得山真美，因为从小没见过真正的山。山是迷蒙的未来，陡峭的憧憬，偶或有梦，梦中登一种叫作高山的物体，登到山顶很累，就想飞翔——向空中耸身一跃，身子骨一激灵，吓醒了。

大人们知道我梦中跳崖飞山，说这孩子拔节长个儿呢！

事实上也是如此。没见过山，却不断梦见山。梦中的山美丽、迷蒙、高入云霄，有大伞状的青松，还有草帽大的蘑菇，以及蘑菇状的云朵，踩在脚下的石头不硬，像海绵。我跳山崖时身轻如燕，从两山之间跃过，一步就到！

最后当然一脚踏空，继而被吓醒。定定神，才知道自己平安无事地躺在东北大炕上，更知道自己在梦中又长了一节，美滋滋的，觉得生活更有趣得很。

等到真正登黔灵山时，才感到登山很累，须一步一步来。盘山千条径，同仰一月高。登到山顶，顿有一种平原感受不到的快活与豁朗，你冲白云喊一声，白云间有回声应和你；你拾一枚山石掷向山谷，有惊飞的小鸟啾啾地埋怨你；你采一把松针，松香黏黏地留恋你的指甲，闻一闻，鼻尖上仿佛贴上大山本身的气息，一种北方平原所不具备的、清新又粗犷的野味。用当前时髦的用语：混合香型。

黔灵山，贵阳的一座美丽的小山，给我上了南国第一课，关于兀立的大山种族的课。于是我知道：山意味着沉重，水意味着轻灵；山代表着险峻，水代表着深沉。

山举着高树，盘着如绳的小径，山是大地的骨骼，故而山倔强。

水托起小船，水花轻轻地吟唱，水是大地的血液，因此水温柔。

从我认识了黔灵山那一天起，我知道了"山有多高水有多深"的山水共存的道理，这是北方人不可思议但又是千真万确的自然景观。

贵阳当然不仅仅拥有黔灵山，它还拥有集市、商店和热闹的街道，以及味道鲜美的米粉、面条。贵阳有一处叫"喷水池"的湖中心，又有一处叫"大十字"的地点，我和小伙伴们都曾兴冲冲丈量过。我们有一天傍晚还沿桥头走下去，一直走到河岸，暗绿色的河水缓缓地流着，炊烟从城市的各处飘散，有一股呛鼻子的煤烟味儿，这股烟味儿是贵州许多城镇的特殊气息，一闻就知道，这就是人们常说的人间烟火气。"煤烟"的味道，淡淡的辛，浅浅的呛，让你想咳又咳不出来，同时又能唤起你的饥饿感，很奇特的味道。

毕　节

　　1964 年 12 月 2 日，这一天是我十三周岁的生日，仿佛命中注定从这一年纪开始我颠簸的青少年生涯，我们全家从贵阳出发，奔赴下一个目的地——毕节。

　　乘上长途公共汽车，两个妹妹在盘山公路的无休止的盘旋中开始呕吐。路上的雾很大，山路很险，山，不再是秀美的黔灵山那般模样，相反露出了极不客气的几分凶猛。汽车渐行渐远，毕节，该是一个什么样的所在？

　　毕节在我看来是在群山之巅，其实它是黔北重镇，与四川相邻。我们一行人，一些来自地北天南的支黔干部和他们的家属们，住进了汽车站对面的毕节旅社。一家人，一间摆有六张木床的普通客房，接纳了来自内蒙古的远方来客。父亲的身份是工作组长，母亲在法院从事自己的审判员工作，我则马上转学到毕节一中，用自己的北方口音同一群快言快语的毕节少年对话，这是一种古怪的感受。

好在毕节一中的校舍很好，教育质量也不低，而且由于我从故乡学到的乒乓球技术，使我极快地赢得了同学们的尊敬，一位军分区司令员的调皮儿子，同我结成了朋友。那时候，我住在旅社里，每日到饭厅去买难以下咽的大米饭，同时到门口租小人书看，一分钱一本，此外就是挥拍上阵打乒乓球，日子过得也很快，思乡与远行的淡淡愁思，没几天就消失殆尽，真是"少年不识愁滋味"的年纪。

可惜好景不长，到毕节一个月后，即1965年1月下旬，我突然剧烈头痛，送到医院一查，诊断为急性脑炎，书自然是读不成了，每日打针服药，功课一耽误，也无法再让老师补课，妈妈决定让我在家休学。

在毕节仅停留了两个多月，父亲又调到黔西县，这样在1965年2月24日，全家又搬迁到古老的黔西县。

同样地乘坐长途汽车，两个妹妹照常地晕车、呕吐，小妹仅四岁，什么也不懂，一路上由我背着，开始她一次又一次地迁徙旅行。

关于毕节，虽然只住过两个多月，印象深的有两点：一是川橘多且大，汁甜价廉，一毛钱可买两斤；二是当地产一种甜酒酿，又称醪糟，喝起来十分过瘾。

毕节街头，常见苗族兄弟，背一篓山货，售尽后倚定饭店前脸的柜台，买一海碗苞谷烧酒，一饮而尽后扬长而去。这等豪气每每令我目瞪口呆。

故忆及贵州毕节，除了潮湿阴雨泥泞满地之外，其余印象颇佳，小人书尤其看得昏天黑地，在内蒙古地区断无人肯操此营生、赚此蝇头小利也。

只是毕节赠我急性脑炎，我幸而没留下痴呆的后遗症，也是一种无奈的忆念。

黔 西

黔西不可不说，也不可少说。

在这个小县城中，我休学七个月。七个月中读闲书学游泳，采野果捉蟋蟀摸螃蟹，总之，完成了一个北方孩子向南方顽童的转变过程。

小城黔西，有电影院，有游泳池，还有一座小型图书馆。在我休学的日子里，妈妈为我办理了一张借书证，这张借书证帮我打开了一扇阅读的大门。我记得自己几乎一两天跑一趟图书馆，从管理员——一个戴眼镜的老大爷手中接过一本又一本的长篇小说，我记得一次对一部名为《香飘四季》的书感了兴趣，便借到手。孰料是描写广东的一部长篇，简单看了一遍，第二天去还书，老大爷不高兴了，问我看了没有。我说看了。他拿过书，问了一下故事情节、作者和主要人物，我一一回答了，作者是陈残云，记忆尤深刻。老大爷一笑，点点头，从此默许了我一天一部长篇小说的借阅速度。

那真是个开心惬意的时期。有书读，而且是自己喜欢看的小说；没功课和作业，更没有严厉的老师督促你学习，我的头痛病很快就痊愈了。我在那个时期，阅读了一个县城图书馆的大部分中外长篇名著，像《汾水长流》《苦斗》《枫橡树》，像《擒魔记》《晋阳秋》《风雨桐江》，至于《烈火金刚》《野火春风斗古城》和《铁道游击队》《林海雪原》更甭提了，反正中华人民共和国成立以来出版的长篇小说，在1965年那个年代又允许阅读的我基本都读完了。读完中国的读外国的，托尔斯泰、普希金、莱蒙托夫、陀思妥耶夫斯基，这是俄国文学的奠基者；读高尔基、柯切托夫、盖达尔，这是苏联文学中我最喜欢的三位作家；然后是雨果、左拉，还有塞万提斯、巴尔扎克。对《好兵帅克》我读得开心无比，对《神秘岛》又神往异常，《白鲸》和《金融家》看得似懂非懂，不懂就跳过去不看。小城黔西的图书馆，是我真正意义上的文学启蒙地。

黔西有一条流经城边的河，我在《关于父亲》一文里记述过一家人到河边拉水的事情。后来从招待所搬出来，住到黔西二中礼堂边的一幢房子里，住址固定后，有卖水的汉子每天挑水，好像是五分钱一桶！水浑浊得很，每当放下水桶，我们都要投入一把白矾，使浑水尽快沉淀成清水。

黔西小城除了赠予我精神食粮外，我还与弟弟一道在小城学会了一项重要的技能——游泳，关于这项技能的掌握，我曾有专文记述，请读者朋友借助《学游泳》这篇短文，了解一下人一旦掌握某种技能后的喜悦和自得。

学游泳

在我的故乡内蒙古，骑马、摔跤的高手很多，走三步没准能撞上一个。但如果你想学游泳，没门儿。也不是没人"会水"（即会游泳），有，也只限于一种姿势：狗刨。

这么一来，在故乡痴长到十三岁，我还不敢近水，每见到湖泊河流，觉得水波下有一只森森鬼手，吓得脸色发青，唯恐避之不及。

20世纪60年代中期我从故乡到南方，在贵州生活了两年。一座名叫黔西的小城，是我平生度过的第一个南方夏天的所在地。南方的夏天美不胜收，较之草原上的故乡丰富了许多，除了斗蟋蟀、摸螃蟹外，还可到皂角树上逮一种鹿角甲虫。这虫子黝黑发亮，酒杯大小，俗称"皂角虫"。逮住后，用细绳拴住它的鹿角，四下里一抡，它耐不住眩晕，张开翅膀嗡嗡飞翔，声音有金属的质感。听腻了虫鸣，城外小山有酸甜的野果，黄如琥珀，甜如甘饴，味道介乎草莓与桑葚之间。但这些诱惑都抵不上游泳。

小城虽小，却有一座游泳池，免费，可极少换水，绿莹莹的水里，池边衬着青苔。

初学游泳，抱一个充气枕头，让新结识的南方伙伴讥笑得一塌糊涂，满心想英勇，只是不敢放开枕头，在屈辱中退回浅水区，感到脚踏实地真是莫大的幸福！

然而毕竟少年气盛，自尊心是战胜恐惧感的利器！下水的次数多了，渐渐丢开了充气枕头，渐渐学会了划水，学会了换气，游出一丈远，已成为小意思。

小城南门外，有一条河。河底坑坑洼洼，深浅不一，水流不急不缓，极其斯文的一处所在。我游泳的那一段河面，两岸均齐腰深，中间横一道沟堑，足可没人。每游至此，我都急忙反身，这深渊横在我面前，也横在我心底。一个夏天里它威胁着我，也考验和引诱着我。终于在一天中午，走到河中心时，我吸了一口长气，将头埋入水中，手脚一齐划动，朝对岸拼力游去。

这一口气憋得时间极长，我的腹部感觉到深水里的温差，水流凉森森中有一股猛力，这加剧了我的惊恐，于是竭力击打水面，力图尽快游过那堑沟。

等到实在憋不住时，我以一种大无畏的精神停止了动作，听天由命地立起身——不料想脚一下子踩到了河床，睁开眼睛，居然已抵达了河对面。顿时长出了一口气！

这次冒险，是我游泳生涯的一次质的飞跃，自此之后信心大增，过小河如履平地。在南方的第一个夏天，我学会了一个北方少年梦寐以求的技艺。

昔日曾艳羡的神秘"踩水"，也很快掌握。其实是极简单的立泳，而在故乡如果说某人会"踩水"，他简直就是"浪里白条"张顺式的好汉，架子大得了不得！

　　游泳是人类征服河流的一种方式，或曰是水赠予人类的最佳礼物。人类的祖先，有人断为海洋生物，若果真如此，我们岂不是在努力追求祖先的技艺吗？说是返祖现象，也成。

　　上文把我在黔西小城八个月的暂住生活基本说完了。"在南方的第一个夏天，我学会了一个北方少年梦寐以求的技艺"，信然！再补充一句，也是在那一个夏天，爸爸妈妈率领全家人到小河边游泳，结果我和弟弟骄傲地发现爸爸的游泳水平远远不如我们，他只会一种最简单最原始的"狗刨"，而我们则可以从容地以蛙式或自由式渡过二十几米宽的河面。

　　这是"父亲神话"的第一次破灭，是游泳帮助我们完成的。

　　夏天很快过去，在这个夏天里，我和黔西的孩子们有过争执、斗殴，也结下了深厚的友谊。我和一个叫小福儿的孩子不打不相识的过程尤为有趣，这是由一只弹弓引发的故事。小福儿的长相，极像时下走红的香港影星梁家辉。

虎崽与熊娃

北京的动物园，动物多，猴山、狮虎山、熊山暂且不提。象苑、鹿苑、爬虫馆、海兽池也不说，光是看着憨厚的熊猫推一只汽车轮胎来回晃悠，瞧一只猩猩在铁链子上荡秋千，就能让你瞧个没完，像有人把你"啪"的一声钉在了地里似的，半天也拔不出脚来。

可是，北京的动物园也有个缺点——太大。要想挨个儿把好玩儿的动物一一瞧够了，没有一整天是不行的，没有好身体更不行了，等于走了好几十里的路，反正我每次去逛动物园，回来都累得像要散了架似的。

另外还有点不满足的是，动物们太傲慢，躲得远远的，不愿意和你打交道。有的用钢丝网，有的用铁栏栅，有的索性铁栏加上厚玻璃，让你朦朦胧胧瞧不真切。像大猩猩们就是这样待着的，我们隔着厚玻璃望着它们，它们也隔着厚玻璃瞧着我们，瞧着瞧着发火了，拍着胸脯冲过来，大巴掌毛茸茸地捶玻璃，敢情它也嫌玻璃没擦干净，妨碍了对我们人类的观察。小城市的动物园就不是这样。

记得刚上中学时，我们全家搬到了贵州省的都匀市，那小城很美，一条清澈的江穿过，一座古朴的桥横起，离桥不远，有一个所在，名"西山公园"。这公园却养着几种动物，算是公园兼有动物园的功能吧！我记得公园里养了一群八哥，虽不会说咱们人类的话，可它们一点也不惭愧，相互之间聊得热火朝天。还养着一条硕大的娃娃鱼，即学名"大鲵"的一种傲慢懒惰的家伙，听说它在溪涧里称王称霸，高兴时便唱歌，而歌声听来像婴儿的啼哭，所以得了娃娃鱼的名儿。这条娃娃鱼有一米来长，伏在水池里，一动不动，让人怀疑起它是否有声带，如婴儿般啼叫。每逢黄昏喂食时，饲养员拿一根木棍，吃力地撬开它的大嘴，放一条尺把长的鱼进去，这位尊贵的大鲵此时才有了点活力，把鱼一点一点吞下去，尔后又是静卧，活像一段黝黑的木头，或像是盘坐的老僧。

顶有趣的是一只虎崽和两只熊娃。

虎崽刚出生不久，约一只大猫般的身长，躺在一只木制的抽屉里，眼睛几乎睁不开，腿也无力，迈不动步子，一副楚楚可怜的模样。

两只小熊个头比虎崽大不了多少，黑绒团般地在脚下滚动。一不注意，就爬上了小树的枝头，再也不下来。饲养员把它们兄弟俩放在一只箩筐里，和虎崽一块养着。有时天气好时，就领它们出来散步。小公园里游客稀少，它们散步时从不避人，听凭你自由参观，哪怕上前摸摸小熊，拍拍小虎，也随你的便——这一专利对我来说，实在是不可多得。

两只小熊极顽劣，常常欺负虎崽。我几次见到它们以小小的巴掌击打得小虎连连翻跟斗，惨叫不已，而它们却处之泰然。

小虎却长得飞快。

大约两三个月的时间，原本和熊娃一般大小的虎崽，体重增加了几倍，个头也超出了这两个对头。也许受欺凌的记忆太鲜明，它的反抗开始变得强有力起来，虎威渐显，爪牙渐利，而小熊却一点也没见长，还是那么一副绒团般的模样，面对小虎的反抗，它们开始由优势转入劣势。以前一头小熊干的恶作剧，现在需要兄弟联手方能胜利；后来，兄弟联手也常常落败，只能爬到树上，大声呼喊饲养员解围。而小虎却感到一种发泄后的快乐，管自拿刚长利落的爪挠树，用刚变尖的牙啃树，直到饲养员出面把它抱回屋内为止。

每看到这滑稽的场面，我和同伴们都为小老虎助威，它便愈加得意，而小熊哥俩躲在小树上，就更加"熊"了。

同样年龄的动物，因遗传基因不同，在我们眼前演出了一幕又一幕鲜活的好戏。

这种快乐，岂是大动物园所能觅得的！

绿莹莹的宝石

我家的波斯猫白白成了五只小猫崽的母亲。

波斯猫很名贵，尤其是"金银眼"的猫，眼睛照例是一蓝一黄，晚上灯光一映照，还会变幻成红色。我家的五只小猫里，除了一只继承了父亲的蓝眼睛外，其余四只全是一蓝一黄，用北京话说是"镇"了。

小猫们长到一个多月，渐渐被虔诚而专注的求猫友人一一索走，远的到天津，近的则在院内，这种情景颇令人感伤。但你毫无办法，终不能把五只猫全放在斗室里，让人没有立足之地吧！

后来因为我求学北大，住校期间妻子把最后一只猫也送了人。于是养了一年波斯猫，只留下悠悠的回忆。

去年七月搬了家，房子由一间增到三间，宽敞了许多，可是少了波斯猫，心头颇有几分惆怅。我的女儿似乎比我更感伤，有事没事总是念叨猫。

忽有一天她神秘地告诉我，说楼梯里的大纸箱里有一只猫。"眼睛是绿色的，叫的声音很大，很吓人。"女儿怕我不相信，拉着我的手到楼梯里去看。

　　果然不假！真的有一只又脏又瘦的猫，蜷在大纸箱的破棉絮里，"喵喵"地叫着，不知是威胁还是乞求。

　　纸箱子是邻居买电冰箱时的包装物，很大很高，也很脏。猫卧在顶里面的角落里，手电筒一照，眼睛绿莹莹的，充满神奇的野性。我试着想捉住它，但刚把手探进猫洞，便被一阵更剧烈的咆哮吓住了。

　　我悻悻地回到家，妻子拿出几片火腿肠，女儿抢着扔进猫的领地。猫大概饿坏了，"呜呜"叫着，从喉咙里泄出感激和贪婪，不一会就吃个精光。

　　自此以后，我的女儿成为这只猫的饲养员，她不间断地把她认为可口的食品一股脑地献给猫，想贿赂这只有着绿莹莹眼睛的野猫。

　　不光是火腿肠，还有她的鱼片、面包，有时甚至是玉米花。猫很挑剔，也很傲慢，该吃的不客气，不该吃的一律不睬。这很让女儿感到委屈。

　　有一段时间里看野猫成了小孩子们极重要的节目。他们关心这只无主的猫，用自己力所能及的支持，也用小孩子真诚的同情心。野猫住在自己的纸堡里，享受着各种各样的贡品，用忽而愤怒忽而温和的叫声，表达着一只野猫的感情。

　　绿眼睛的野猫一点也谈不上漂亮，更不名贵，可是它由于被人遗弃，在小孩子中间找到了感情的寄托，从这个意义上说，这只猫够幸运的。

　　春天到来时，有一天这只猫不见了。我想它一定是为春所诱惑，寻找它的爱情去了。它来时是悄悄的，走时也是悄悄的，这一点很让我的女儿及小朋友们不快活，觉得这只绿眼睛的猫不懂礼貌，告别时连招呼都不打一声。

　　我们家住在十三层，猫呢，一直在十二层的楼梯里栖身，能找到这么一处地点还真不容易，避风，安全。从这一点来判断，这猫还很聪明。

　　也许到了冬日里猫还会回来的。只不过最近为迎接建国四十周年，清理了楼梯里的杂物，它的纸堡也不复存在了，我担心它会找不到自己的窝。但其实我的担心是多余的，只要有小孩子，无主的野猫便有了一群热心照料它的主人，尤其在高楼里，在独生子女中间。

红烛情

参加女儿学校主办的家长会，是一件十分奇妙的事。

一群人到中年大腹便便的汉子，当然，也不乏面容憔悴的中年妇女、白发苍苍的老人，斯斯文文地坐在写有自己孩子名字的座位上，座位很矮很小，蜷起腿，勉强能容身，这很像格列佛来到小人国。但讲台上的老师却面容严肃，生生把你从小人国拉回现实。

因为老师是每天与你的孩子相处最多的一个人。他们像一面面镜子，映照出你的孩子或顽劣或驯服或者木头木脑不堪造就的一切举止；你的孩子也是一面镜子，反射出你身为父亲或母亲言传身教的一切结果。

我坐在女儿的第二排座位上观察老师，老师也不时地斜睨着我。她的嗓音沙哑，语调却极柔和。从老师的叙述中，渐渐地，一个被大多数家长所忽略的问题摆了出来，即学校教育与家庭教育相配合的问题。

老师慢慢地告诉我们：我们班上的孩子优点很多，但今天想专门谈谈不足。比如学习习惯的养成，比如纪律性不强的问题，上课不会听讲，眼睛看着老师心却不知飞到何处，还有的孩子没有上进心，作业质量差，书写不规范等等。老师提高了声音："整齐、规范、独立、认真、按时，这是我对孩子们的要求。"

她清了一下嗓子，不知怎么话题一转，竟诉起苦来。"自打接了这个班，为了培养集体主义，要知道，在独生子女中培养集体主义精神十分重要，我连课间休息的十分钟都放弃了，只想同他们在一起。嗓子一直没好过，总是沙哑的……"

老师向我们布置一项任务：每天晚上检查一下孩子的书包、浏览一遍他们的作业，另外，每周末帮孩子温习一下所学到的知识。还有更重要的一点，给孩子打"家庭分"。

什么叫"家庭分"？吃饭、起床、劳动、生活自理……好多项，每天要判分，以十分为满分，一项项累积，然后交到老师手里。

"我给每个孩子准备了一个本子，学校表现也打分，包括课间活动、课堂发言、用具准备及个人卫生等，这的确是我自找的麻烦，但是为了孩子的健康成长，我很愿意找这个麻烦。"

老师结束了她的讲话，满屋子的成年人们散场，不知是感动还是替自己孩子高兴，每个人的眼睛里亮晶晶的，心里却显然踏实了许多。

这是一位平凡的小学教员，她用不着像一些儿童心理学家一样去分析、判断儿童行为的象征性和实际意义，也用不着像一些文学家一样去诗化儿童生活。她面对的是一群活生生的孩子，面对着他们的顽皮和听话，打闹与温顺，同时也面对着他们每一丝微弱的进步，然后抓住这进步而扩大战果，让孩子充满自信地成长起来。

当然，最重要的一点是任何措施也无法替代的：她爱孩子，爱自己平凡普通的教师职业。让职业的自尊与自豪支配自己，也感染着与她接触的每一个人。

在北京的双职工家庭里，父母亲与孩子的相处大多在下班之后，这段时间除去匆匆的晚饭、电视新闻之外，剩给你与孩子感情交流的时间微乎其微。因此把孩子托付给一位这样的班主任老师，哪怕是一座极不出名的小学校，也不能不说是一件令人欣慰的事。

蜗牛情结

蜗牛在动物世界属于慢性子的典型，一般说来能与它媲美者是乌龟，还有南美洲森林的树懒。

蜗牛是一种有趣的小生物，它们的触角长长的，顶端有小小的黑眼珠，这对带柄的眼睛加上一个壳儿，便使它们成为众多童话故事里的主人公。

然而蜗牛最近几年在北京大为走俏，"旧时王谢堂前燕，飞入寻常百姓家"，进入北京许多人家的蜗牛名曰"法国大蜗牛"，据说可做成名贵的菜肴。一经有了外国国籍，加上崇拜法国大菜的美食家们的渲染，法国蜗牛便像古巴牛蛙一样，成为人工饲养的一种小动物，短短几年间，满北京爬满了这种斯斯文文、慢条斯理的家伙，给许多孩子以莫大的喜悦。

前些日子一位朋友送给我一堆蜗牛，每只有五分硬币大。我把它们养在脸盆里，上面盖一个盖儿，盆里放了半盆清水，希望它们游个痛快。

不料想蜗牛们不喜欢游泳，一夜之间全爬到了盖子上，沉甸甸的几乎掀不开！于是我明白蜗牛虽然喜潮湿，但不喜欢水。

蜗牛成为许多小朋友的观赏对象。那几天里，凡到我家做客的孩子无不欢喜异常，因为他们无一例外地参观蜗牛群体的体操表演，可以用小手去触摸蜗牛们滑溜溜的躯体，同时最让他们快活的，是临走时可以成为拥有四只蜗牛的主人，只要爸爸妈妈允许的话。

四只蜗牛，"四四（事事）如意"，这同时也适合一个小孩子的管理能力。我于是听到了一个孩子与蜗牛的故事：

这个故事很一般。小男孩把蜗牛拿回家，蜗牛在花盆里蜷缩着，不肯探出身子演体操。小男孩于是开动脑筋，把一碗水浇到蜗牛的身上，蜗牛只好被迫爬动，痛苦不堪。

妈妈告诉他说，蜗牛在自己的小房子里暖暖和和地睡觉，你把水倒进房子里，它们只好爬出来逃命，多不好。听到这话，小男孩竟悲伤地哭泣起来，他怪妈妈为什么不早说，又怪自己不懂事，不该欺负蜗牛们！

儿子一当真，妈妈反倒内疚了。母子二人把蜗牛重新安置起来，换好潮湿的沙土，撒上细碎的菜叶，小男孩重新露出了原本属于他的笑容，这是一个温和善良的小家伙。

我的女儿也饲养了四只蜗牛，在一个装过蛋糕的圆盒子里。盒子是透明塑料制成的，能看清蜗牛们的一举一动。

为了让蜗牛们不断地运动，她也兴致勃勃、偷偷摸摸地往里面浇水，结果被妻子一怒之下更换了"蜗居"，用一只装皮鞋的纸匣子代替。

蜗牛们冷静地缩进壳里，在浅浅的一层沙土中封住自己的身躯，进入冬眠状态。

这样一来，我们的"蜗牛情结"便渐渐消失了，大人孩子没有了先前的兴致，以至于逐渐忘却了它们的存在。对于蜗牛们，这无疑是一种幸运的解脱，可是我却每每怀念起初见蜗牛时那令人兴奋的日子。盼望纸匣子里的小居民们能有朝一日探出细长的触角，触摸着对于蜗牛而言是异常扑朔迷离的世界，同时给予孩子们以莫名的惊喜。

瞧，法国蜗牛的确不凡，非但可供你大嚼，还给予你许多遐想。在北京的冬日里养几只蜗牛，观察它们悠闲、静静的生活，或许对养生很有利。

不是有人说过"生命在于静止"吗？这未尝不是一种新的健康观。

好与坏

不断听到我的女儿在耳旁絮叨："我们班上有个坏孩子，叫房微。"好像房微坏透了，又好像这小家伙干尽了天下的坏事。

我问房微干了些什么？女儿认真地想了想，回答道："他上课玩东西，一只小手表。"我感到诧异，怎么上课玩东西就成为"坏"孩子了呢？

女儿接着揭发道："房微的小手表让老师没收了，他又趁老师不注意悄悄拿了回去，老师问，他还不承认，当然，最后他承认了。"

有一天我看到几个小家伙在邻院里玩，其中有个爬到石狮子的脑袋上，神情傲然又彪悍，灵活中又透着坚定，是这群孩子们游戏的首领。我问女儿这男孩子的姓名，她说叫房微。

房微很可爱，丝毫看不出"罪大恶极"的模样，他笑嘻嘻地追着我的自行车，像一匹机灵的小马驹。

在他和我告别时，我想起他在女儿及班上同学心目中的"坏孩子"形象，不禁有几分心情索然。

房微自己却满不在乎，乐颠颠地坐在石狮子脑袋上，管自去指挥他的几名部下了。

我的一位朋友就告诉我一件事：她的女儿很乖，由于女儿乖，自然老师很喜欢；老师喜欢她，她就发现不乖的孩子"坏"。

女儿眼中的那位坏孩子（当然照例是小男孩），在上课时举手发言太积极了，居然把手举到老师的鼻子下。这还不算什么，有一次学拼音字母，老师规定把 a 这个字母写满一页纸，小男孩在纸上画一个特大的 a，然后在大 a 里写下一个比一个小的 a。

"把我们老师气坏了，告诉他爸爸，挨了一顿揍。"朋友的女儿同样幸灾乐祸地结束了自己的叙述。

"坏孩子"因为调皮被家长惩罚，似乎是名正言顺的事。但像这位小男孩干的两件事，分析起来都够不上"坏"和"挨揍"的地步。尤其把满页纸写一个特大的 a，是一种别具一格的创新。因为老师并没规定怎么写，只要求用 a 这个字把一页纸填满，小男孩提供了一种新的思维方式，受责怪未免有点冤枉。

中国的教育，自孔夫子以来就注重严格，"严师出高徒"同"棍棒出孝子"对仗，几乎成为至理名言，这固然很好。但仅仅有一个"严"字，好像还不够，至少在"活"上面欠缺。

鲁迅先生回忆自己儿时捉蟋蟀、拔草摘覆盆子吃的诸多顽皮行径，想必用现今的观点看来也"坏"得可以，但他却从中觅到许多属于童年的乐趣，《朝花夕拾》里这类感触比比皆是。

从这个意义上说，"坏孩子"未必不是富有创造意识的好孩子，若过早给他们冠以"坏孩子"的帽子，对他们心理上的健康成长无疑具有某种侵害作用，很容易使他们自暴自弃，不以为然，直至发展到对抗家长、父母和社会。

因此，我通过对两个"坏孩子"的分析，希望大人们能耐心一些，在顽皮的男孩子们非规范化、非程序化的行为中发现智慧的闪光，从而加以鼓励和引导，这远比责骂一声"坏孩子"或暗示爸爸打他一顿屁股要有意义得多。

贺年卡

儿童对世界的理解很独特，这种独特尤其体现在一些具体的操作中，如绘画、手工等。

我手头有一本《读卖国际漫画大奖赛十周年展》的集锦小书，信手翻阅，在68页上看到一幅题为《盖房子的坦克》的漫画，是日本一位名叫山下奉文的孩子创作的。画面是三辆射击的坦克，坦克射出的却不是炮弹，而是方形的砖、三角形的屋顶和田字格的窗户。这幅画获"幼儿小学生最优奖"，我以为当之无愧。

主要是山下奉文把一种难能可贵的和平愿望具体化，让成人们杀来杀去的坦克车变为建筑师，构思独特，又极符合儿童的心理特点。或者说，孩子们把游戏中的一些思维加在极严峻、极认真（成人眼中）的事物上，世界马上变得亲切和温馨。

人们常说的"化干戈为玉帛"，也无过如此吧！

美术馆最近举办儿童贺年卡佳作展，是由中国少年儿童基金会等六家单位主办的，从六千名孩子的一万幅作品中精选了八百幅，悬在富丽堂皇的中国最高的艺术殿堂里，令人们叹为观止，驻足流连。

贺年卡的技巧很多，漫画、剪纸、拼贴、雕刻，应有尽有；参展的孩子从四岁到十几岁，年龄跨度几近十年。可以说是五彩缤纷，令人目不暇接。

不过顶让我感兴趣的不是绘画类，而是一些运用实物拼贴而成的作品，这些作品或色调明快，或巧夺天工，或构思新颖，把中国孩子的聪慧展现得十分充分。

比如我看到一个六岁的孩子蔡晨制的《庆丰年》，把雪白的棉花当作白云，在绘有果树树干的图案上，红小豆变成红苹果，绿豌豆变成绿苹果，逼真、风趣，真了不起！

同样一位六岁的小朋友制作了一幅《公鸡》，材料是一块布头，几根毛线，一片树叶，一束羽毛，拼在一起，一只活泼的大公鸡就跃然纸上。

我还在一张绘有大海和海滩的贺卡前欣赏许久，这张贺卡把几十粒五香瓜子粘成一片逼真的海滩，上面长出一株椰树，仿佛你能听到大海澎湃的涛声。

瓜子能有这么绝妙的艺术效果，让人始料不及，以后再嗑起它们时，心头还真的要增加几分敬意呢！

此外，我还注意到有的孩子把削铅笔时旋出的木屑巧妙利用，制成一株又一株报春的小树，有的将棉絮铺成一只猫，再拿两粒纽扣缀上去，猫就瞪圆了炯炯有神的眼睛，而且是"金银眼"的波斯猫。

顶有趣的是一张名为《争分夺秒》的贺卡，作者把画报上一则手表广告剪下来，贴在画面的左上方，然后是脚步匆匆的两个人影，韵味无穷，体现了孩子过人的机智，而且充满幽默感和现代意识。

诚如展览会的主办者们在"前言"中祝愿的：像大海中一滴晶莹的水珠，像花园里一朵瑰丽的奇葩，像七彩的长虹，横跨在宇宙间……

我想冒昧地加上一句：这些贺卡更像是发往未来的邀请信和挑战书，把中国孩子的聪明才智骄傲地展示给未来。

自行车学校

中国前几年各类学校盛行，为了赶时尚，我把这篇小文冠以《自行车学校》的题目。

说到自行车，中国是全世界之最，夸张地说，中国是骑在自行车上奔"四化"的。

我的女儿今年九岁，她从一岁半开始上幼儿园，在自行车上度过了她的幼儿及儿童时代。记得当时我从农贸市场购得一个竹子制的车座，用彩色的布带包扎出极漂亮的模样，然后往车梁上一夹，开始了风风雨雨的自行车学校的课程。

我们在自行车上聊天，从她尚在吐字不清，把"故宫"念成"误冬"时起，春天里看桃花柳絮，夏天时看荷花海棠，秋天赏菊，冬日踏雪。总之，自行车学校的背景是宽阔的街道、蓝蓝的天，有趣得很。

我记得有一个时期女儿上比较远的幼儿园，需要经过什刹海，我每逢驱车驶过时，总为女儿扯一枝柳条，让她擎在手上，绿色的树叶给她以问候。当然，更多的时候是背诵唐诗、讲童话故事，我即兴编出许许多多自以为十分精彩的童话，一下车就全忘记了。同时一旦才气枯竭，就向吴承恩、蒲松龄诸公讨便宜，于是女儿在自行车上早早就领略到了《西游记》《聊斋志异》和《阅微草堂笔记》的韵味。

自行车的大梁上，成为父女之间感情交流的最佳渠道。

写到这里，可能维护首都交通秩序的朋友会愤怒了：自行车带小孩可是要罚款的！

我的确被罚过，仅仅罚过一次，款额不大，一元钱。那天女儿发高烧，从幼儿园接回时天擦黑了，急急忙忙赶路，被一位和蔼的民警叫住，我让他看看孩子的病容，他很同情，周围几位行人也围过来，请他放行，民警同志笑了，说既然您违反了交通规则，必须罚款。我交给他一元钱，双方很宽容地告别，女儿却记住了这件事。事后我们父女合作了一首儿歌《童车谣》，纪念这次自行车学校违章事故，诗曰："骑上三轮车，背上布娃娃。爸爸，爸爸，你来装警察！骑车带人，要把款罚！娃娃生病啦，上医院，把针打！好，这两根甜冰棍儿，送给娃娃和妈妈。谢谢警察叔叔，不，谢谢好爸爸。"我们一遍又一遍在家表演这段童诗小品，笑得十分开心。

这就是违章罚款的收获。

中国的警察其实是最富有人情味的，别的我不敢说，仅就骑车带孩子这一项而言，只要您在胡同里骑车，一般来说不会受到干涉。万不得已过大马路，只要你规规矩矩推着车子穿行，也相安无事。我想这些民警们也是爸爸或未来的爸爸。他们了解中国的交通现状和国情，便自然而然要宽容一些，变通一点，正像我在《童车谣》中所描写的那样。

激发我写下这篇小文的动机是在不久前的一天早晨，我骑车驶过灯市口大街，忽听到一个小男孩在自行车上高声大哭。父亲是位火气很足的年轻人，边骑车边恶狠狠地用皮鞋后跟踢着儿子的腿。小男孩的棉鞋被踢落了，父亲依然前行，不管不顾。我骑到他身边，忍不住训了他一句："小孩子懂什么，好好说嘛！"这位父亲愧疚地冲我一笑，停下车去拾鞋了。

每天早上，在北京的大街小巷里发生这类悲喜剧，几乎是司空见惯的事。我想，既然中国骑在自行车上艰难地行进着，我们为什么要怒气冲天对着孩子发火？如果把这段自行车生活升华一下，成为父子之间难能可贵的感情交流，不是极具中国特色的一件美事吗？

水　仙

叔叔从内蒙古的科尔沁草原进京公干，来我的小屋里喝酒，他一眼便发现了桌子上的一盆绿色植物，问是什么花。

我告诉他说是水仙，来自遥远的南方，且是福建漳州的名种。叔叔乐了，他是北国的一位花迷，对一些习见的仙人掌类、夹竹桃类生命顽强的"花"养了许多，却唯独没有养过水仙，甚至没有见过。

正好我的水仙还有两头没有开始养殖，就交给了叔叔，同时还将在王府井书店购得的一册《水仙花的栽培》一并奉送，嘱咐叔叔回到内蒙古后照章行事。不久，叔叔来信了，说水仙恰赶在春节开了花，奇香满室，来拜年的人都有些纳闷，许多人还以为是塑料伪花洒上了香水，非要摸一摸不可。"你的两头水仙在咱们通辽（叔叔所居住的城市）引起了不小的轰动呢！"叔叔在信的结尾这样快活地写道。

瞧，在南方、甚至在北京几乎司空见惯的水仙，一到塞外竟生出偌大的魅力，可见造物之奇丽。

　　我是个粗心的人，平生很少种什么花草，可是却独爱养水仙。我曾一度养过仙人掌科的"山影"，死了；也养过翠竹林般可爱的文竹，生了虫，也死了。倒是一位友人赠以一盆待开的昙花，精心养殖一星期，便开出几朵碗大的鲜花，使我惊喜欲狂，得意非凡。可惜"昙花一现"是铁定的规律，极短暂的时间，这株昙花也告别了我的照料，到了它应该去的地方。

　　我的"花运"就是这般不佳！

　　幸亏有水仙。

　　托福州一位好友的福，我已有了三年的水仙养殖史。在一些初养水仙的朋友眼里，俨然是名不大不小的"权威"了。

　　水仙初养，只能听其自然，择一白净的荷叶碗，取一捧石子铺入，放入水仙的鳞茎（即"水仙头"），清水一泓，阳光常沐。不到二十天，花箭就从厚且绿的叶片中顶出来，如一只只婴儿的小拳头，捏住什么宝贝般向天伸着，再不撒手。要撒手也行，一夜的时间，小手张开了，抖出极清冽的幽香，露出银白的手掌，托住金黄金黄的小酒杯，向你讨一盏惊喜的赞叹！

　　我这里说的是单瓣的水仙花，这品种有一个漂亮而又逼真的芳名：金盏银台。

　　与金盏银台相映成趣的，是玉玲珑，即复瓣的品种。这玉玲珑开放时，花瓣相叠，黄白相间，一眼望去，给人一种缤缤纷纷、朦朦胧胧的美感，好像一朵小花便是一个世界，凝聚和涵盖了大自然的复杂与单纯，也代表着植物们一种高贵和平凡相杂的气质。总之，望金盏银台，一目了然，赏心悦目；观玉玲珑，则耐人寻味，发人深思。水仙这两个品种常常联手聚于花盆内，造出一种水仙花独有的意境和氛围，这，许是水仙花农们一代代的刻意追求才形成的结果吧！

任其自然，是种植水仙的第一阶段。只是水仙有了水和阳光，难免肆无忌惮起来。尤其是宽且肥的叶片，毫无谦让精神，一个劲儿地疯长，几近二尺高，忘却了它衬映鲜花的天职，结果花箭委委屈屈地裹在叶子里，难以有出头之日。我第一回养水仙，两头鳞茎不过探出五支花箭，相反的是绿叶喧宾夺主，长得肥壮异常。这当然是一种失败！

养水仙的第二阶段，应是雕刻鳞茎的功夫。这是一门细活，据说雕水仙的高手，能在一把雕刀上玩出不可思议的把戏。可以雕成花篮，也能雕出蟹爪，还可雕成孔雀开屏，等等。总之，雕刀使叶子听话地左旋右扭，按自己的指令，长成它应该长成的模样。此外，雕刀还能按照所剔出部分的比例，使水仙花定时定点开放，让它在大年三十除夕夜里开花，绝不会拖到正月初一！设想一下雕刀居然可以操纵水仙的"生物钟"，怎能不让人叹服。

我找到一把快刀，也试着雕刻起来。说句老实话，一位外科实习医生首次上手术台的心情大概与我相似。我小心翼翼地切开鳞茎，一层层地剥下洋葱似的外衣，生怕伤到埋在里面的花蕊。刀子很快，我的"手术"却进行得极慢，额头竟沁出冷汗来。一层层剥离，一刀刀切入，到了觉得差不多的时候，我停了手，用清水洗净伤口上的黏液（也许就是它的血），又敷上一围棉花，植入花盆内。

"手术"后的水仙，果然变得乖巧了。叶片不再目无尊长地疯长，显出一副谦虚听话的模样，许是因为失去了大量的营养物的缘故。而花箭却变得早熟，从做了手术的鳞茎的半腰探出头，急不可耐地表现着自己。花箭如今高高在上，俯视着叶片，也俯视着清水和花盆。同时由于我的加工，在鳞茎的每一瓣里，都露出一只花箭，结果一头水仙长出五只花箭，这个数目等于我任其自然生长的两头水仙花箭的总和，我成功了。

水仙花在我的案头幽幽地开着，缕缕暗香袭来，几欲令人晕眩。只是叶片显得凌乱、沮丧，无规则地扭曲着身体，胡乱生长着，想起前年未加雕刻时它们的笔挺与潇洒，真是判若两"仙"！

我不由得怀疑起自己的成功来，也许任其自然更好些吧。在自然美与人工美之间，有时还真难以选择呢。

不过，水仙毕竟是可爱的，无论玉玲珑还是金盏银台，无论雕过还是没有雕过，因为它在冬日里，在北方的春节，有着一种不可替代的春之使者的作用。我读过古人许多咏花（包括咏水仙）的诗，最能写出水仙花的风姿的，是"暗香浮动月黄昏"一句，尽管这是宋人林逋为"山园小梅"写的名句，我却宁愿张冠李戴，标在水仙花的头上。

我在写完这则散文时，总觉得意犹未尽，于是又写得一首小诗来为可爱的水仙"树碑立传"，诗曰：

你从南国
　　温暖而湿润的漳州
嫁到北方
　　于是，北方有了春
北方的春是水种的
　　浮动着冷冽的幽香。

有些词不达意，好在新诗贵在自由自在，水仙也不会介意我的笔拙，我们之间好像已有了某种默契。

　　　　　　　　　　1986年春节于北京

吃　谈

　　吃谈，谈吃，都非正宗散文的题目。正宗散文者，讲究意境幽远，文辞清爽，且高雅婉约，宜以竹林花草为骨，岚云晓雾为魂，读来口舌生津，心旷神怡才是。且慢，谈到"口舌生津"，仍能切到我这文章的题目，而究其根本，乃是吃的前奏，所以如果强词夺理的话，"吃谈"与"谈吃"为题亦未尝不可。

　　我在这里所谈的吃，不是平平常常、普普通通的吃，也不是鸡鸭鱼肉、五谷杂粮的吃。却应了达·芬奇的一句话："人和动物都只是食品的过道和运河，旁的动物的坟墓……"虽然达·芬奇此话颇含愤世嫉俗之意，如果撇开他的偏颇，从正面来理解，到也不无道理。因为我经历过的一次吃"黑虫"宴会之后，的确有点赞同这位大画家的话了。

　　未入伍前，我就嘴馋，为此没少挨勤俭的母亲的责怪。参军之后，嘴更加馋，可能是伙食清淡的缘故。津贴费到手，总要买瓶红烧肉罐头饱餐一顿，因此也没少受严厉的班长的批评。然而哪怕"上纲上线"，我的馋劲儿仍抠不掉。

有一个星期天，我还和一位壮族战友捕捉岩蜂，当然，我是旁观，他是主攻。我们追踪着一只岩蜂，找到了蜂洞之后，又抱了许多干柴，于是点火烧蜂。目的在取得美味可口的蜂蛹。尽管受到愤怒的蜂子的惩罚，可是毕竟如愿以偿。当我们每人端着一大碗鲜嫩肥白的蜂蛹下山时，其快乐的程度不亚于孙悟空盗得了芭蕉扇。这蜂蛹的清香甘美，曾使我忘情了许久。

可是万万没有想到，在一次本应痛痛快快的吃喝中，我却突然倒了胃口，从此"馋劲儿"每况愈下，并且回想起来，带有几分腻歪。这真叫"天报应"。

我同一位战友到边防线上采访，在红河边的瑶山上，住了下来。这是一个距离公社所在地有一天路程的寨子，尽管山清水秀，果木环围，可却依然笼罩在贫穷的罗网中。也许是工作组驻村坐镇的原因，整个寨子出奇地安静，非但听不见鸡鸣犬吠，连小孩子的哭闹声都显而易见地受到压制。唯一活跃的，是满山林里聒噪不止的知了。此地称为"黑虫"的知了，不知为什么如此兴奋。叫起来此起彼伏，络绎不绝，阵阵声浪，搅动着夏日的闷热的气流，更平添了几分烦躁。

工作组已经断菜了，粮也只剩下几把干面条。村子里的自留地已被讨伐，自然长不出鲜嫩的蔬菜，四周山上的野菜也早被挖光，所以我们一到达，就感觉到了一种颇为尴尬的气氛。幸而工作组长，一位胖胖的中年汉子，对穿军装的人十分客气，非要留我们就餐不可。他似乎很有办法，叫来几个半大孩子，说了几句话，又指了指外面，一挥手，孩子们四散跑去。

山林里的蝉鸣更加热烈，仿佛在向什么无形的对手挑战，又好像不约而同地诅咒着什么，总之，蝉鸣声里有一种不祥的焦躁感隐隐撩拨着你的心弦。

不到一个钟头，孩子们陆续回来了，每人捧着一个粗粗的竹筒，像捧着金贵的物件，交给了已等得不耐烦了的工作组长。他急不可耐地把竹筒倒向了一口小锅，我凑过去一看：黑乎乎的一堆东西在蠕动着，原来全是旷野的歌唱家——黑虫。

工作组长兴致勃勃地拔掉它们的翅膀，蝉们在他的手中不停地哀鸣。然后用刀一剁两截，不一会儿，小锅里安静了，叫声消逝了，油炒黑虫的工作，随之而开始了。看来工作组长不是头一遭吃这黑虫，他从容果断，老练自信。拔翅时像拔鸡毛，烹饪时如炒花生，脸上流露出一种饕餮的神色，这神色，按理对我这样胃口奇佳、从不择食的馋鬼来说，是极富诱惑力的。可是不知为什么，香气四溢的炒黑虫摆在我面前，却丝毫没有引动我的食欲。或许如果我是个"远庖厨"的君子，没有亲眼见到工作组长的制作加工，倒可能大吃一顿，尝尝瑶山炒黑虫的美味吧！然而可惜的是，我不但看到了蝉们的挣扎，听见了它们的哀鸣，甚至看到了它们存身的山乡的贫穷瘠薄，看到了我的兄弟们的无可奈何的窘迫。蝉，我终于还是没有吃，我怕吃到的是苦涩的呻吟，是辛酸的诅咒。

这在我的"吃史"上，确是罕有的一次。

北京也有蝉，而且很多，常有顽童持一竹竿粘捕。他们往往捉到之后，取出蝉身上的两块雪白的肌肉，用火一烧放进嘴里，滋味当是十分鲜美的。我也是从顽童阶段走过来的，也曾狂热地粘过蝉，可惜当时却没有吃它们的勇气，只觉得捉之不易，吃掉了感到惋惜，宁愿听任它在指缝间大声抗议，从中享受到一种几近"艺术境界"的陶醉。殊不料成年之后，险些参加了一场吃蝉大宴，我愿意用这支拙笔，记下那段荒唐的岁月中一星感受，也愿我们的后代子孙，不再重复制作那道令人心悸的菜。吃者，固然是人的本能，但吃什么和怎样吃，却有不同的特点和文明，显示着社会的发展和民族的性格。故而不能小觑这一"吃"字。老祖宗都知道"民以食为天"，达·芬奇都感叹过"吃"的复杂，所以我这篇杂而散的小文对此略加议论，当不为过矣。

既然蝉的天性是热情地、无休止地歌唱着夏天，那么，最好不要把它们的芳名列入菜谱，以免辜负了大自然的一片盛情。

翠绿色的歌

北京的夏天，热。

北京的夏天，也闹。

热与闹加在一起，便可想象出一种什么情景了：卖冰棍儿的悠长而清凉的吆喝声，西瓜小贩的三五成群的叫卖声，加上孩子们互相追逐的吵嚷声，顶可气的是柳叶间乘凉的知了，越热越兴奋，把这成堆成篓的声音一口气串起来，形成一个富有刺激性的高音区，一声又一声，非逼你出屋不可！

出屋干什么？找块石子儿扔上天，冲着知了泄－泄火。

这时候如果有一只碧绿的蝈蝈在耳畔一叫，管保比喝了冰镇汽水还好受。

北京城里当然逮不着蝈蝈，可有远郊的农民进城来卖，他们大多是一辆加重自行车后面挂着两大串蝈蝈笼。笼子是高粱秆编就的，小巧精致，用铁丝儿把几十只笼子串联在一道，每一串都有一只大竹筐般大小，于是，密匝匝的蝈蝈们这样一溜烟地进了北京。

蝈蝈是农民们从顺义、房山以及河北一带逮来的。它们在那田野山川曾自由自在地啜饮露水，汲食野花的蜜汁儿，在草叶上面散步、恋爱、歌唱，一副闲散气派，忽有一日，不知从哪里伸出一只人的手掌，捂住了它，又编入一只小巧的蝈蝈笼里，便开始了都市生活。

我几乎每年夏天都要买上一只蝈蝈。

这种爱好始自于童年。

在我的故乡，小孩子夏天的主要乐趣是逮蝈蝈。大肚子蝈蝈在郊外草丛间镇日欢叫，诱惑着我们。而与蝈蝈竞争的，另有一种鸣虫，俗称"山叫驴"。一看这名字，便可知道它们的叫声是何等嘹亮！"山叫驴"的模样儿、长相和蝈蝈差不多，所不同者，蝈蝈身上穿的是"短袖"，"山叫驴"着的是长衫，也就是说，"山叫驴"有一副长长的翅膀。这翅膀使它们颇为自豪，常常在树丛间作短距离飞翔，以逃避我们的追捕，而蝈蝈由于肚子大、翅膀短，只能靠弹跳的敏捷和绿的保护色来逃命，比起它的竞争对手，显得有些可怜。

但蝈蝈的叫声好听，有一种悠悠的韵味、秋野的节奏，同时翠绿可爱，较之"山叫驴"来，尤为我们所珍重。常常三只"山叫驴"也顶不住一只蝈蝈。而"山叫驴"由于仗着会飞，不大把小孩子放在眼里，这种傲慢无礼使它们极易捕捉（或者是一种笨拙）。总之，在我们这群小猎人中间，能捉到蝈蝈的人是不太多的，"山叫驴"却每每能够一捉好几只。

　　"山叫驴"的叫声没有间歇，翅膀上的"小镜子"一摩擦，发出极长的"吱——"声，稍歇，又是一声，于是，整个夏日便为这"吱——"声所充盈，使大人们烦闷异常。此外，"山叫驴"的性情也很凶狠，大牙齿亮亮的，什么都敢咬上一口，同伙中间也不客气，若几只放在一个笼子里，用不了一会儿工夫，管保打得昏天黑地，断腿缺胳膊。它们真有一种"驴性"。

　　蝈蝈喜欢在两种植物上生活栖身：一种是豆叶儿，一种是麻秆儿。豆叶儿上的蝈蝈长得清秀，浑身碧绿油亮，大肚子也显得不那么突出；麻秆上的蝈蝈则色调浓绿，更为肥壮，许是因为麻秆儿高大，蝈蝈也跟着沾了光吧！

　　蝈蝈虽然大腹便便，其实却机智得很，至少在当时的我们眼里，它们是一种难对付的猎物。它的叫声一起，有时仿佛就在你眼前和鼻子底下，却怎么也搜索不出，只好听任它嘲弄般地唱着小调；眼力好的孩子，偶然盯住了它，常常刚一伸手，它倏忽间便隐身了，好像适才看到的只是一个幻影！当你失望地离开那草丛、那豆棵、那麻地时，脑后又响起它的挑衅似的欢叫——这种叫声是那么令人恼怒，又是那么令人无可奈何！至今想来，还有些耿耿于怀。

　　顶让人失望的，是你眼见着一只蝈蝈跳入一蓬草丛，四处搜索不着，正失望时，又发现了它，及至逮住一看，竟改变了"性别"，成了一只母蝈蝈了。这事我碰到过好几次。

母蝈蝈不会叫，肚子后边拖一把"大刀"，威风得很。这"大刀"是产卵器，专门为小蝈蝈的出生而插入土里的，按理说是极先进的一项设备。但在当年，这种母蝈蝈顶扫我们的兴！甚至将它们认作"汉奸""特务"，专门掩护公蝈蝈逃亡的坏蛋。捉到它们时，要么扔得远远的，要么踩死，要么剪断"大刀"，让它在笼子里滥竽充数，以炫耀自己逮蝈蝈的水平。

现在想来，这种做法颇不"人道"，其实若没有这些母蝈蝈的孕育，田野中的歌者无疑会绝种的。

但当时却只恨它对"丈夫"的掩护和替换！以及这种替换带给我们的无尽的懊恼和失望。

在我逮蝈蝈的历史上，没有什么过于辉煌的胜利。也许在我的故乡，"山叫驴"太多太盛，这一种族的繁衍抑制了蝈蝈们的发展，使它们在竞争中处于弱者的地位。因此，一见到北京城里贩蝈蝈的农民，心里便升起一种久远积淀下的妒忌，真不知道他们是怎样使手段逮得这么多宝贝的。

我很想在买蝈蝈时询问一下，可一想到自己的年纪，便嗫了声。而且我知道，即便我觅到了逮蝈蝈的秘方，或是探得了蝈蝈们栖身之地的方位，也无法去弥补当年的缺憾了。

毕竟时光流逝，这蝈蝈之恋已是二十多年前的往事了。何况在马路上，以极便宜的价钱顺手买得一只蝈蝈，这本身就显示出了一种城里人兼成年人的"专利"。买回的蝈蝈，叫声很响亮，一点儿也不逊于当年自己亲手逮的蝈蝈。

然而我还是有些惆怅。蝈蝈的叫声，浑似一曲翠绿色的歌，蕴含着秋野的呼唤，草叶的芳香，以及闪亮在露珠上的童年的天真，听起来悠悠扬扬，撩动人的情思。

一角五分钱，买回一只蝈蝈，也买回一曲秋声，一缕回忆，真值。

我想……

忆 年

似水流年。

年年难过年年过。

这实际上包含了两重意思，前者的感叹带有几分优越感，或曰无病呻吟，后者则更具有悲剧意识，说这话的大多是杨白劳之类的穷汉。再往细处分析，一雅一俗，一远一近，两句话具有不同的文化背景。

两句不同文化背景的话都不属于儿童。过年实在是儿童最盛大的节日，他们的惬意、欢快与肆无忌惮，唯在过年时宣泄得汪洋恣肆——扭秧歌、舞狮子、耍龙灯，给人的节奏感是地动山摇般强烈；爆竹和烟花，赠予的快乐有声有色；更何况还有血肠、白肉的香，年糕、豆包的甜穿插其间——总之，儿时在故乡内蒙古的科尔沁草原小城过年，实在令人难以忘怀。

最难忘的是大年三十包饺子。包饺子本身不具备散文意蕴，剁几棵酸菜、几斤猪肉，和好面包就是了。可是酸菜要腌得青白相间，不温不火，捞出缸来滴滴答答，剁出馅子清清爽爽，这就需要功夫。酸菜的心很嫩很白，奶奶剁酸菜时我常常候在一旁，等那美味的菜心。吃菜心的感觉是口舌生津，据说一株酸菜心吃进肚，能保一年不闹肚子。

吃完酸菜心，看着大人们勤奋地包饺子。故乡的年夜饺子里讲究要包几枚硬币。一分币值的大小，怕吃滑口了咽到肚子里，不用；五分币值的又太大，包进饺子里容易惹眼，手疾眼快的会拣着吃，也不用；剩下的只能是两分钱硬币。它们一旦入选，先拿开水烫洗干净，然后瞅机会往饺子里捏，一般数字是四枚，取"事事如意"，每一锅饺子一盖帘，其中就有一个含钱的吉祥饺。

煮好了饺子，放一碗腊八蒜在炕桌上，一家人盘腿而坐，在热气蒸腾中吃起来了。

吃饺子时很有趣，每个人都有既定的目标，认准饺子是必定含那硬币才去用筷子夹。夹饺进碗，略一吹气，再蘸点蒜汁，然后就是兴冲冲地一口———一口便知分晓。没钱不要紧，饺子太香，没钱也认了，顾不上细嚼，吞入肚里，又奔下一个目标。起初的目的，似乎在于那包入饺子里的钱币，三五个饺子过后，气氛活跃起来，大家仿佛意识到年夜饺子的另一种意义，不再用牙齿和舌头去体验"发财"的感觉，于是开始认真地品尝美味的水饺。

偏偏这时有人"吱"一声，咬住了异物。吐出一看，马上兴奋得大叫："哈，我吃到钱啦！"满场气氛顿时转入搜索状，目光扫描盘子里的水饺，感到一年的幸运与财富全堆在面前某一个未知的饺子里，意义重大，非同儿戏，于是筷子飞动，匆匆又进入周而复始的咀嚼幸运。

我那时饭量小，几个饺子就饱，吃到硬币的机会极少，故而对这种饮食游戏兴趣不大。但有一年妈妈为我盛了六个饺子，六个饺子里居然被我吃出了一枚硬币，那一年我莫名兴奋，觉得很光荣很伟大，吃出的两分钱揣在衣袋里，好多天也舍不得用于市场流通，其实它本身有两块水果糖的价值，对孩子来说是一种不小的诱惑！

过年吃饺子是我故乡的习俗，雷打不动。吃饺子时包入钱币也是大年三十夜的保留节目，代代相传，以至于我家定居京城数十载，每年都要认真操作一次。四枚小钱上，真的有那么多的幸福和财运吗？我看未必。

然而我的家族却年复一年地"麻烦"着二分的小钢镚儿，借助于它们的身子骨，汤里来水里去地为我们奉献着欢欣。今年春节我最走运，居然一连吃到了两枚，弟弟妹妹们忌妒万分，说不公平太不公平，钱全让大哥一人给赚去了。为了平息"民愤"，我只好在初三时请客，用实际行动证明自己确实不属于为富不仁。

似水流年。年年难过年年过。

将一个"难"字换成"好"字，意思自然大变，但忆及儿时的过年，虽已遥远而朦胧，却总觉得那饺子的滋味奇香无比。从这个意义上说，"难"有"难"的说不清道不明的味道。

谁叫自己人到中年了呢！

算盘珠子

童年时期我最感到头痛的功课是珠算。

珠算的口诀太多太难，几乎没有诀窍。它能使一个男孩子的自尊化成一朵蒲公英，随风飘向无尽的远方。

因此每逢珠算考试，我总是先用笔列出式子，得出答数，然后再往这得数上凑口诀，有点像情报人员对密码，同时总抱有一丝幻想：口诀正确与否不重要，反正我的答案对。

可老师不这么想，于是我的珠算便永远的不及格。珠算课虽然可怕，但算盘却极好玩。这是一种奇怪的小学生式的悖论。

记得我当时有两个算盘，一个是大算盘，有圆且亮的黑珠子，拨起来清清爽爽，发出一种极傲慢的声音。另一个是小算盘，比语文课本还小，珠子是菱形的，泛着象牙白，总是怯怯的，像个小可怜。

大算盘的好处很多，首先是可以在地面滚动，充当汽车，只要翻过来就可以办到这一点，在算盘上放几本书，划定起跑线，几个朋友便能极惬意地举行飞车大赛，速度的快慢视动力的大小而定，用劲推的，往往能拔头筹。

我的大算盘为我服役的期限很短，不到半学期就散了架。算盘珠子们像没娘的孩子，七零八落地散在地上。可是，我的珠算课并不因算盘的损坏而削减，于是又有了白色的小算盘。

小算盘很斯文，不再和我们厮混，但同时也使我更加厌倦珠算课。每当拿起小算盘，我便怀念起我那"以身殉职"的大算盘。

也不知哪一位同学偶然发现用算盘珠子能吹奏出一种俏皮的音乐：只要用一张薄纸裹起一粒算盘珠，然后你把嘴唇凑在珠孔上，再用鼻音随意哼一个歌子，算盘珠子就能同纸发生奇妙的共振，产生一种呜呜咽咽曲曲幽幽的音乐效果，令人一听就如醉如痴。

这一发明似乎没有人申请专利，但却以极快的速度在男孩子们中间推广，于是每人口袋里都装起了一粒大且黑的算盘珠，不用说，几乎全出自我的供应，而且每个人突然成了狂热的爱国音乐家，一到下课时，满教室都弥漫起"起来，不愿做奴隶的人们"那雄壮的旋律。

敢情我们的音乐课正巧是学唱《国歌》。

班主任教师很幽默，也很善于疏导同学们中间的爱国主义激情，他提议全班搞一次"红五月"音乐会。并建议我们小组的几个男孩子出节目，节目很简单：用算盘珠子做的"口琴"演奏《国歌》。

这样一来，调动了我和伙伴们的极大热情，我们把所有的业余时间都用在练习吹奏上，甚至忘记了一个男子汉应该做的一切，比如掏鸟窝、摸鱼、斗鸡以及打弹子等正常娱乐。

都怪一粒算盘珠子把我们引入了"歧途"。

从此之后我对《国歌》熟悉到无以复加的程度，我相信自己已通过演奏和聂耳融为一体了。

我为聂耳特地保留了一粒算盘珠子，一粒黑黑的、亮亮的，又大又圆的特殊乐器。

不知道现在的小学生们还开不开珠算课。我只知道计算器已成为许多小朋友的玩具，加减乘除随心所欲，像魔术师一样变出准确的答案。和它们一比，算盘珠子更有滋味了。

水

——故乡琐忆

　　我的故乡位于内蒙古的科尔沁草原，算起来是很年轻的一个县。据县志记载，我的故乡开鲁正式建县时在光绪三十四年（1908 年），距今也不过一百多年，从前因一座元代白塔，它被人称为"他林苏布鲁嘎"，这是一句蒙语，意思是塔周围附近低凹平坦的地方。

　　关于这座十三层的白塔，我以后还要讲述它的奇兀之处。我想说的是这座八十几岁的塞外小城，是我童年生活的乐土，印象最深的是水。

　　小城缺水。缺水便打井。井在冬日里垒成一座冰山似的阵营，令人瞧上去战战兢兢，不敢轻易向井底探头；夏天则要温柔得多，离好远的地方，井就沁出一股子凉爽，逗你过去拎起桶痛饮。

　　故乡的井，一般是用绳子提水，很少有用辘轳的；有的井讲究些，有竹节状的水链车，转动起来，水会自动流出。后来发展到手压井，一根粗大的钢管钻入地层内，距地面半米处安装一个吸筒，一个把手，利用吸水原理，一压把手，水就咕嘟嘟冒出来。由于井打得深，水很凉很清，喝一口是极痛快的。

小城无河环绕，但有一条不知开于何年的水渠，冬季干涸，夏季澎湃，成为流水的一种闪闪烁烁的象征，让我们热爱得不行。

水渠的水，大多是浑浊的，冒着白沫，从上游水库直泻而下，寻找它田野上的归宿。沿县城北门溜出，不到一里地，有一座罕见的木桥，桥下便成为我们夏日的游泳池。由于几根粗大的桥墩形成了回水湾，桥下的水深一些，小鱼儿也多得不得了，我们常常顶着一只当地特有的柳条筐，到桥下水湾里捞鱼摸虾。最多的是嘎鱼，背脊上竖一根尖利的刺，显示着鱼类的尊严。

水渠里的水，根据气候的变化而时多时少，时盈时缺。记得有一年夏天，我到郊外外祖父家做客，他家正在水渠旁边。半夜里被喧闹声吵醒，跑出门一看，才知道渠水猛然减少（大概是上游水库关闸），鱼儿突然增多，村里的大人小孩们兴冲冲去捉鱼。

我也跳到水渠里，水只淹过我的腿肚子，鱼真多，直撞大腿，全是巴掌大的鲫鱼。弯腰太累，我同一些大人一样索性坐在水里，梦一样捉着浅水里乱窜的鱼，不一会就捉满了一桶。那一夜的水声、人声和笑声，溅落在我的记忆里，至今仍是湿淋淋地新鲜着，活像一条活蹦乱跳的鱼。

这条水渠一直通向无尽的远方，我曾不止一次地沿着渠上长满艾蒿的小路，满怀一个少年人的憧憬走着，企图走到它的发源地。然而每次走到不远的地方我就停住脚，内心里涌动着莫名的恐惧、流水的诱惑、马莲草里蝈蝈的叫声，以及水面上光怪陆离的泡沫，这一切组合成大自然的律动，让我坐下来静静地观赏，远方究竟是什么，似乎不知不觉就不那么重要了。

有一次父亲和他的同事们到水库检查工作，我从司机叔叔口中知道了消息，便赖在车里不走。叔叔们开着玩笑，把我捎到了水库，这水库有个乡土气十足的名字：小五家。

我第一次登上了汽艇，波浪汹涌地溅上船头，我固执地不肯下到舱里，非要在鱼腥气逼人的船头看水，看风，看浪头。

水打湿了我的衣服，一下子透出了冷冰冰的寒意。船工为我找出一条胶皮制成的水裤，很大很肥，裤腰顶在下巴上，我几乎把自己整个人装进了裤子里，尽管有几分滑稽，可我惊喜地注视着汽艇犁开波浪时的水花，感受着天水茫茫的无边苍凉，第一次对水有了一个客观的印象。别看一两碗水不起眼，一旦聚在水库里，还真骇人。

那是一个秋日的黄昏，天上飘着小雨，更增添了萧瑟的气氛。我和水的友谊开始升华，我隐隐约约感觉到，未来的生活正像这烟波浩渺的水面，神秘、沉重、遥远，但同时又吸引着你去扬帆疾进。浪花与秋雨，该是故乡的水们另一种感情表达的方式吧！

从小五家水库回来时，天已大黑了，船工叔叔送我一条巨大的鲇鱼，足有七八斤重。妈妈正在家里着急，为我的失踪。她看到了我和我的鲇鱼，摇摇头，没说什么。我想把自己对水库的感觉一股脑地倾吐给妈妈，可又不知说什么才好，鲇鱼摇头摆尾，提醒我别忘记它的存在。于是，我的注意力转移到吃鱼上。水库，故乡水库的馈赠，就这样香喷喷地化成生命的营养，那条鲇鱼的味道，用北京话说是"盖帽"了，你说"没治"也行。

美不美，乡中水；亲不亲，故乡人。这话确有道理，有一次与一位研究《易经》的气功大师聊天，他讲起人的生辰八字，说其实并非迷信，而指的是人出生时天体运行位置，大气变化条件对你的作用。

在母腹时的婴儿处于与世隔绝状态，一切靠母亲的子宫保护；一旦出世，你马上要呼吸，要接触空气。细菌以及许多微生物，这时地球所在的宇宙的位置，对你有极大的影响，这就是"生辰八字"。

气功大师讲的道理我似懂非懂，但我隐约感到他对"生辰八字"的解释很新鲜，有独到的见地。

由此想到故乡的水，想到"美不美，乡中水"的古语，何尝不是这么个道理！

故乡的水资源，虽然不那么丰富，但起码有一点可使现代人释然：没有丝毫的污染。因此饮起故乡的水，你不会为水垢而担忧，也不必为消毒粉的气味而皱眉，仅此一点，我想，科尔沁草原上的故乡水质量绝对上乘。

最近故乡又寻找到麦饭石矿脉，好水加上佳石，我的"家乡水"就更没说的了。

车　程

已经记不得这辆"凤凰"牌自行车驮着我走过多少路了！只知道十余年来它温驯地驶过北京的春夏秋冬，驶过雨雪风霜，驶过炎炎烈日与寂寂冷月，把我从青年送到中年，又载往并非遥远的壮年、老年。

车的内胎已经补过多次，最后还是换了新的；外带同样磨平了凸突的花纹，也请它们离了休；前叉子出现过危险的裂纹，风风火火地更新；唯有车铃忠于职守，脆生生地唱着属于自己的歌。

一个普通的中国人，几乎没有不为自己备一辆自行车的。自行车往往伴随他事业的发轫，在走上工作岗位那一天起，自行车，或叫"永久"，或曰"飞鸽"，还有的叫"红旗""金狮"，兴冲冲地陪伴着自己的主人，开始了人生和事业的旅途。

自行车可以说是中国的象征。换言之，它以自己并非强悍的身子骨，运载着中国前进。

我可不是大言欺人。在中国，谁忽略了自行车的存在，谁就会手足无措，是要狼狈一番的。

比如设计精美的公文包，一眼望去漂亮极了，夹在腋下上下班十分"抢眼"，可就是购者稀疏。一打听，才知道这国际流行款式在中国吃不开，因为它是针对乘坐卧车者而设计的。中国人大多数要把公文包一类的物件或挂在车把上，或夹在后座上，它自然不适合，只好"拜拜"！

再如很漂亮、时髦的羊毛套裙，女士们也只是艳羡地观赏一番，很少肯掏腰包购买，原因一目了然：骑自行车时不太方便。

能把自行车考虑到自己的营业范围的商贾们，则很容易地就会大发其财。像骑车斗篷、自行车筐走俏一样，冬日里所谓的"防冻气门芯"，曾让发明者获利颇丰，尽管它毫无防冻功能，只是颜色鲜艳而已。

我的"车龄"始于二十几年前，当时正读小学，不知怎么热衷上了骑自行车，遂开始学骑。说是"骑"，其实根本无法"骑"到坐垫上，只能把两腿伸到车梁下，斜起身子蹬车，俗称"掏裆"式。

我们一群擅于"掏裆"的孩子，兴冲冲从街上驶过，把车铃揿得震天响，等闲不可小觑！

记得第一次骑到车上，是在一个大雪铺满了原野的月夜，我偷出父亲的自行车去过瘾。不知怎么动了跨上去的念头，一骑上去，脚尖勉强能够得上车镫子，就这样斜斜歪歪地在雪地上辗出一条又一条辙印。那一夜很静，四顾无人，月亮却十分帮忙，把雪地照成一张洁白的宣纸。

　　我兴奋地骑着自行车，内心里洋溢着不可名状的豪放感。但当我想下车时，却无论如何也下不来了，脚板总也踩不到车镫子，再加上技术不熟练，顾脚就顾不上手，顾前又顾不到后，好一阵惶恐！就这样无可奈何地骑了一阵。静静的广场，静静的月夜，静静的雪地，车轮碾过厚厚的雪被，沙沙作响。我一圈又一圈地骑着自行车，先前的自豪早一路泄尽，剩下的全是恐惧——多年后我想起一句"骑虎难下"的成语，觉得用来形容那时自行车上的我是异常贴切的。

　　最后我终于下定决心，把自行车骑向雪层最厚的一处所在，然后闭起眼睛冲了过去。车子摔倒了，我也重重地摔了下来，下巴被雪下面的土块擦破了，胳臂也扭了一下。一瘸一拐满脸沮丧地，我结束了自己第一次"骑车"的尝试。

　　那一夜极狼狈，但是也极有趣，尤其是北方的雪地。北方的月亮，以及独自一人在广场骑车时的奇异感受，却也让人一生受用无穷。当然，还包括冒险的代价、冒失的教训在内。

　　自此之后我就再没有被自行车嘲弄过。

　　我拥有一辆自行车是在1978年的夏天。当时告别云南军营，多年没骑自行车，回到北京的第一件事是买辆自行车过瘾，于是，一辆漂亮的"凤凰"就成了我走向都市生活的绝好导游。

　　如今我在北京已转眼又一个十年间，我骑着这辆车四处求学。忽而鼓楼后面的职工夜大，忽而劲松地区的文学讲习所，忽而西郊的北京大学。那时节，一天骑上两个小时的自行车是极平常的事。尤其是文学讲习所搬迁多次，先从城北安定门外的小关搬到城南的劲松地区；又从劲松地区到东郊十里堡。一路驰骋，风雨无阻，真苦了我的"凤凰"，到最后竟真有些"凤凰落地不如鸡"的模样。

　　车渐渐旧下去，如前所说，更换内外带，更新前叉子。在北大住宿时，不知被哪位学子一时兴发，又拆走了护链套上的尾套，更成了秃尾巴"凤凰"，落魄得不行。

　　然而这辆自行车仍然敏捷、忠实、轻便，时时给我以最热心的服务。我骑着它行进在北京的大街小巷，总感到踏实和愉快，仿佛它和北京的土地连在一起，与北京的习俗融成一气，给我以疾驰时莫名的兴奋、缓驶时无比的悠闲。

　　北京太大，人又太多，乘公共汽车虽省力，但性子急的人易犯心脏病；走路当然好处不少，可以安步当车，有益身心，但又非时间所能恩准。于是骑车自然成为最佳选择，这也是北京自行车那么多的主要原因吧。

　　在北京骑车，风大时固然狼狈，让你感到老天爷的不够朋友；下雨时难免忧虑，生怕出个三长两短。但如果秋高气爽、落英缤纷时骑车，则简直是一种人生享受了。尤其骑在林荫道上，车轮"沙沙沙"碾过秋叶，一两声清脆的车铃让你别走神，头上是暖融融的太阳，高且蓝的天，路旁是红色的柿子、金黄的梨，以及小商贩们动听的吆喝。这时，你会感到生活的宁静，能在车把上摸到某种属于人生真谛的东西。甚至这时你会产生一种错觉：身下骑的不是钢铁组成的自行车，而是驮你远足秋游的有感情的骏马，它不用扬鞭自奋蹄，走向朦朦胧胧的境界里。

于是你禁不住吹起口哨，又把微笑固定在嘴角，刹那间，追逐那难能可贵的印象而远去……

假如不是骑自行车，谁能这么直接地获得如此宝贵的感受呢？因此我抚摸着自己这辆芳容早逝的"凤凰"，向它发出由衷的感谢。

中国人没有了自行车，真不知道会变成什么模样。想想看。

系领巾

红领巾是红旗的一角，三十年前就知道了的。

小小的脖颈上系一条红领巾，鲜亮、神气。塞外的风吹来，红领巾斜飞成很诗意的形状，一长一短的系法，长的一角轻轻拂过腮边，搔得耳轮直痒。痒得光荣，红领巾是红旗的一角。

然后是学着洗领巾。记忆中这是平生洗涤的第一件物品。端一脸盆清水，把皱皱巴巴的红领巾投进去，水马上就红了；红领巾也立马舒展开来，像蓝天上的一朵红云。用香皂揉出一团白色的泡沫，红云被白云包裹起来，很惬意很顺手。一条红领巾洗一个下午，洗得满地是泡沫、一屋子流水潺潺，妈妈却不得不表扬自己的儿子能干。

洗红领巾是人生劳作的一个开端，继而是洗手绢、洗衣服直到洗军装、洗军被、洗军马、洗炮衣，童心——洗尽，年华——洗褪，华发却洗上了鬓间。

红领巾忽一日映照华发，是一种什么样的景象！

9月1日，开学典礼。

坐在灯市口小学校的操场前主席台上，以大朋友的身份面对一千名儿童。我的脖子上系上了一条红领巾——一个漂亮的小姑娘为我系的，系领巾时我弯下腰，好更能看清她的眼睛。

她的眼睛很明亮，闪动着欣喜衬着那条红领巾。她举手敬队礼，转身离去，红领巾却在北京秋日的朝阳中灿烂无比，我感到脖颈间有一股久违的炙热。

坐在前排的来宾中，有一位海军上校，有一名特级教师，还有一位著名的儿童剧院的演员。我们在一千名孩子的目光里，红领巾把我们同儿童系在一起，使我们能够从容地面对升旗仪式，轻声但坚定地唱出《国歌》，与一年级的"小不点儿"们一样，迈进一个全新的环境，体验到人生的第一个庄严肃穆的仪式给予自己的冲击。

校长请我讲话。说什么才好？这时，正是上午九时整，我想起一句话：太阳每天都是新的。我想起另一句话：世界是你们的，也是我们的，但归根结底是你们的，你们是早晨八九点钟的太阳。这是一个伟人的名言。

八九点钟的太阳此时静静地照耀着广场，把温馨的阳光洒在每个人头上，阳光像玻璃又像水晶，叮叮咚咚在天空回响。事实上操场容纳着一千颗太阳，一千颗太阳放射着热烈而真诚的光，光轮是旖旎的红领巾。

今年我不惑。四十岁的人早生华发晚生华发都已无所谓，可是我参加了一次开学典礼，拥有了一条红领巾。红领巾使我自豪和年轻，红领巾更使我感动和主动——拥抱生活，拥抱儿童文学事业。

据说红领巾源于领带。商店里有各种各样华贵的领带，金利来银利来，有色彩有质地，系在脖子上气宇轩昂。

但我还是认为，我这条红领巾的价值无与伦比，恐怕每一个男孩子都会认可和同意。

请珍惜我们和你们的红领巾。

鹌鹑趣

我家阳台上有两只秃尾巴鹌鹑。

鹌鹑刚来时出壳不久，仅墨水瓶大小，一只纸箱子便足可容纳。一个月后，小东西开始上蹿下跳，叫声也高了几分贝，只好从纸箱里释放它们。又过一月，突然发现原来的小"笨鸵鸟"能振翅飞翔了。虽飞不高，但十三层楼的窗户对于小鹌鹑来说，诱惑力不能说不大。于是，为了它们生命的安全，我冷酷地捉住鹌鹑，剪掉了它们飞翔的欲望。鹌鹑们惆怅地漫步阳台，目光中，似有一种淡淡的凄凉。这两只小鹌鹑唤起我久远的回忆……

我的故乡科尔沁草原盛产鹌鹑。雄鹌鹑好勇斗狠，这种性情使故乡的冬闲妙不可言。人们把逮到的鹌鹑闷养在一只黑布缝制的袖筒里，底下垫一块圆纸板，便形成一条黑色隧道。雄鹑在黑筒里闷几天，火气极盛，恨不能把天都啄出一星光明——这时斗鹑双方主人盘腿坐在北方的大炕上，解开鹑牢，鹌鹑一露头，马上凶巴巴地奔向对方，它们多半认定自己的委屈来自对面那家伙。

直啄得羽毛蓬乱，嘴角落红，直到其中一只自感不敌，匆匆逃回袖筒为止。胜者自然赳赳得意，替主人挣回一份彩头；败的一方，有个俗名儿叫"败筒子鹌鹑"，从此铩羽不敢再战。久而久之，故乡若辱骂无血性的男人，每每称之为"败筒子鹌鹑"。形象，但也伤人，一句话递过去，十个有九个男人会瞪圆眼，紧握拳，投入洗清自己恶名的搏斗。

谁也不愿当"败筒子鹌鹑"。

阳台上的鹌鹑，已渐分雌雄。一只黝黑中白纹鲜明，眉上的白纹尤其剽悍，鼻端有角状物突起，显然是雄性；另一只颜色浅黄，鸣声温柔，颇有夫叫妇随之贤惠。阳台一角有半张旧报纸，被它们耐心地啄碎，又叼入隐秘之处，好像在絮窝，准备繁衍生命。

这只是我的猜测，更主要的是两只鹌鹑已渐温驯，略一张手，它们会兴冲冲跑来，小眼睛斜斜地盯住你，不希望人们施以调侃和欺哄。这眼睛里分明闪动着它们草原祖先那野性的光——尽管我知道这两只小鹌鹑孵自于温室，绝非山野住户，而是老资格的市民了。

不知这雄鹌鹑的战斗力如何，北京不兴斗鹌鹑，人们最感兴趣的是足球比赛。我的这只鹌鹑无用武之地，只能偶尔仰天长啼，向无形中的对手示威。这样也好，起码避免了当"败筒子"的下场，因为世上绝无百战百胜的鹌鹑。

但是话又说回来，一只雄鹌鹑若能壮怀激烈、风风火火地厮杀一场，证明自己的体能和智能高人一等，也不失为一种鹌鹑的生命态度。

怎么着都成。

灯笼果

金黄色的灯笼果，穿着一件夏姑姑给的纱衣，轻轻地跳到了我的手心里。

纱衣是软的，真像是灯笼的外壳；纱衣有几个棱角，灯笼果藏在棱角后面，和我捉迷藏。

我轻轻地剥开灯笼果的纱衣，一片又一片，它们斜斜地分开，像一朵矢车菊展开可爱的花瓣，一粒滚圆晶莹的果实露了出来。它是那么圆，那么亮。薄得透明的皮，包着细碎的籽儿，像一粒黄珍珠，更像一颗大玛瑙，于是我笑了。

我轻轻咬破一粒果实，一种苹果味儿，一种鸭梨味儿，还有一种葡萄味，反正舌尖美滋滋的，灯笼果好吃极了。

灯笼果，一盏小小的属于秋天的灯笼，一盏亮亮的属于田野的灯笼。

灯笼果有一个"小名儿"，就像你叫明明他叫飞飞我叫丫丫一样的小名，告诉你吧："姑姑蔫儿。"

吃过姑姑蔫儿的孩子，眼睛永远亮晶晶的，灯笼果会帮助他找出每一个错别字的。你相信吗？

火山石

从镜泊湖畔的地下森林，我拾回了一块火山石。

火山石很轻，火山石很重。

轻的是它的分量，重的是山的友情。

火山石上有细细密密的气孔，火山石又有一条条关东糖样的纹路；气孔是火山岩浆呼吸时留下的痕迹，纹路是火山岩浆流动时的形象。听一听，石上的气孔里好像有山的喘息：我太热了，太热了，让我出去，出去！于是，火山就喷发了。

这块属于火山的石头，曾经兴冲冲地咕噜着气泡，缓缓地流向低凹的谷地，冷空气和云雾为它降温。它浑身冒着热气，"嘶嘶"地叫着，红色渐渐消失，褐色渐渐出现，步伐也更加慢下来，慢下来。终于，在一个水洼旁，或是岩石下，它停住脚，用火山的大脑开始思考，冷静地思考自己的命运——一直思考到我拾起它为止。

从此这块火山石将属于我，一个戴着红领巾的小学生。它思考过百年、千年、万年，可能更多的时间，现在轮到我来研究它，我相信它能告诉我一个又一个有趣的故事，关于森林，关于狗熊，关于人参娃娃，不过不是在喧闹的白天。

对，在晚上，月亮照我入睡的夜晚。火山石是个夜游神，它的故事全在梦境中展现，每一个气孔里都藏着一个故事……

哑 铃

——代致小读者

在我上中学时，我有一对形影不离的好朋友，一对哑铃。

它们从早到晚不说话，默默地和我握手，默默地和我分别。当我把它们举过头顶时，迎着旭日，我读到了哑铃对我的期待。

我的肌肉因之而结实，我的胸肌厚了，我的胳膊厚了，哑铃默默地祝贺我。它们依然冷静，依然沉着，只是当我舞动它们时，它们轻了许多。

哑铃不哑，真的，生活中你将遇到许许多多哑铃似的朋友。那么，让我祝贺你吧。

初识棒球

棒球的称呼不准确，它的正式名称是网球。

但是我从六七岁上就和棒球打交道，而且故乡均以此称之，现在一时还真不好改。

我的故乡科尔沁草原，照理说，是极闭塞的小城，可是土得掉渣的地方偏偏盛行洋玩意儿，一如本文开头说有网球。记得在县委机关大院，就辟得有两三处网球场，场地很讲究，黄地铺垫，加上长长的一条球网。拦击攻守双方，挥拍上阵打网球的叔叔们，每个人都显出了与众不同的潇洒剽悍，他们大呼小叫，将一枚拳头大的小球击打得满天飞舞。

我常在场外旁观，并乐于兴奋与热情地帮助他们拾球，现在看来我实际上充当了免费的球童。棒球硬邦邦的，一点也不像我平时玩的小皮球，同时这球还拍击不起来，这使我大为失望——内心隐秘的愿望，是通过殷勤的服务获取一枚小球的酬劳，然后拿到小朋友中去炫耀。可是小球硬中带着几分不驯服，我自然失去了获得它的兴趣。讨厌的棒球！

有一次棒球击在我的腿上，疼痛难忍，使我大声哭叫起来。叔叔们赶快把我哄走，他们宁可舍弃一个不请自来的球童，也不愿意添一个欺负孩子的不义之名。

为了安慰我的痛楚，他们真的送了一枚棒球给我。这小球一点也不光滑，捏在手上，有如一只帆布裹成的橘子，不但邦硬，而且沉重，真不知大人们怎么会喜欢这种古怪的球？！

我和小伙伴们共同享受着这枚网球带来的欢乐，如果说有欢乐的话，我们把它踢来踢去，甚至踢到一只狗的面前。那狗生气地吠叫起来，一脸不高兴的模样，继而恶狠狠地冲过去，一口咬住了这枚倒霉的网球。

我们大惊失色，因为凭我们短暂的生活常识，狗牙是世界上最锋利、最可怕的东西，小小的网球经它一咬，肯定遍体鳞伤不堪再玩。

不料等那只怒狗恢复正常把小球归还我们之后，我们惊喜地发现：它居然一如既往地滚圆梆硬，滚动起来尽心尽力，端的是一枚了不起的棒极了的小球！

从此我们一群娃娃，对网球持一种十分尊敬的态度，并不是因为它的高雅非凡，而是因为怒气冲冲的大狗都奈何不了它！

故乡的网球热，现在分析起来与伪"满洲国"有关，因为曾做过"省会"，且有不少日本商人出没其间。打网球，终于成为一种时尚流传下来，直到我们这一代人的少年时期。

现在网球运动在北京，一般人打不成，也打不好；在国际体坛，亦具有世界性的轰动效应，网球明星身价奇昂，一拍在手，挥斥方遒，这是我昔日充当草原球童时所始料不及的。不过，那狗、那球、那年月终究有趣之极。

小学校万岁

　　春天里，我步入一所小学校，这是我女儿的母校，也是冰心奶奶读过书的地方。这所小学已经有一百多岁了。

　　一百岁的小学校，仍然是童心未泯、童声飞扬。我正赶上小学生们下课，花蝴蝶般的女孩子、小马驹样的男孩子，用快乐的喧哗来迎接我。我走进他们中间，像一脚踏入了蜂房，溅起的声音震耳欲聋。他们谁也不认识我，我也无法分辨他们的面容，眼前闪现的是笑脸、笑脸，还是笑脸。我像被一股潮水簇拥着，很快便成为水中的一块苍老的礁石。

　　当上课铃骤然响起的时候，孩子们小鱼般游回了教室，声响一下子消失，周围剩下的是阳光和宁静，还有我无边的惊讶。

　　并不是每一次都能被孩子们包围的，而且由于你的陌生面孔没有引起他们的好奇，所以你具有了特殊的旁观体验，真的如同礁石面对潮水，一股四处流动、泼溅的潮水，一股向你涌来又一闪而过的潮水，一股你企图捕捉却又无法捕捉的——潮水。

童年的记忆猛然鲜活，仿佛一下子回到三十几年前，重新成为一名快乐的小学生。萦绕耳边的不正是那时光回音壁意味深长的回响么！

一所小学校哪怕长到二百岁、五百岁、一千岁，它也是一所儿童的乐园。

小学校万岁。

戏说作文

此文与"戏说乾隆"无关，我觉得活到四十大几再谈"童年作文"，有些不好意思，故以"戏说作文"名之，以证明我在童年时代不是做文章的高手。

童年作文，最初感到的是兴奋——大概与家庭环境的熏染有关。我的母亲喜读小说，存有文学书籍若干；我的叔叔曾做过"作家梦"，他的期刊、书籍更丰富。母亲与叔叔的书成为我胡乱阅读的目标，小小年纪就敢抱一本大书啃，认不得的字跳过去，能猜出大致的意思就成。这种无意识的阅读训练，或许是我对作文偏爱的最初动因。

已经记不得平生写下的第一篇作文题目，只知道有一批时代感极强的作文：《一件好事》《我的爸爸》《向刘文学学习》《龙梅和玉荣的启发》《春天》《雷锋叔叔，您好》等等，好像作为一名小学生，都尝试着写过，而且得的分还不低。

记得老师传授过许多做文章的技法，印象最深的是"开门见山"法。这种写法要求简洁明快，意到笔到，劈面就点题，然后再逐个论述、发挥、描写。老师当时还举了一些"开门见山"的范文，现在已不太记得了。我之所以记牢这一技法，盖因为所住的科尔沁大草原一马平川，从小到大，我从没见过山。没见过的东西自然感到新鲜，"开门见山"如此生动和形象，怎么不让人铭刻在心？！一推开屋门，满眼是高耸入云的大山，妙不可言的境界。

那一段时间写作文，我认定唯有开门见山才是文章之最佳途径，于是一股劲儿地直截了当。写《我的爸爸》，开头自然是"我的爸爸如何如何"；写《一件好事》，也只好从"我做过的一件事"写起；写《雷锋叔叔，您好》，第一句自然脱不开"雷锋叔叔，您好"。老师实在看不下去了，终于有一天找到我，问为什么老是一成不变地从题目写起？我得意地告诉老师，说这是照您的意思而"开门见山"的。老师摇头、皱眉，简直把我当成不可雕的朽木。好一会儿才轻声说："写作文最怕的是千篇一律。"好，我又记下了"千篇一律"的至理名言，感到凡事不能太认死理，否则只好挨批评。

可是那"开门见山"的印象实在深刻，一直或深或浅地影响我直到今天。

文章千古事，得失寸心知。童年时代作文，不把它当太认真的事，只博得老师的认可就极快活。忽一日老师讲授"象声词"，列举一大串活蹦乱跳有声有响的词汇。老师那堂课讲得很活，他破例让同学们用自己的想象，在黑板上写出自己所知道的全部象声词。每个人都各尽所能，能写的写，不能写的就发出声音，然后由老师破译出来。那一堂课好快乐，猫叫、狗叫、鸡叫、牛叫，换一个写法则是猫叫、犬吠、鸡啼、牛吼，热闹异常——象声词，语文课本中的发明。

我领悟极快，在一次作文比赛中老师以《春游》为题，让每人写出春游的体会。我既然不再"开门见山"，何不以象声词开头？于是兴冲冲地写下"咚咚锵，咚咚锵，春游的队伍敲着队鼓，走出了城"。结果这篇作文深受老师赞赏，在全校作文比赛中，我居然获了一等奖——奖品是一本作文本。物质上不丰厚，精神鼓励极大，我觉得写作文实在是一件快事，听凭你的笔写出你的眼看到的一切，写出你的心想到的一切，这一笔一画中，有魔术般的文字组合效应，甚至写完之后你都会自我惊奇，不太相信是自己的作文！

也有狼狈的时候。记得一次暑假作文，老师让写《一件好事》，我实在没做什么值得一写的好事，没办法，只好瞎编在百货商店捡钱包，然后交给丢钱包的农民伯伯。因为故乡小城不甚富庶，更没有人口密集到拥挤得丢失钱包而浑然不觉的程度，这本身就失去生活最大的真实，农民其实不带钱包，没那么多钱可包！这不成心拿自己开玩笑吗？！

从此记下了一个朴素的道理：没经历过的事别去瞎写，写了准闹笑话，这是其一；其二则是编故事要圆，要让人信服。

童年作文，趣闻颇多，为篇幅计，戏说一二，无非是想告诉少年朋友，作文一定要有兴致、兴趣，最好还加一个兴奋。喜欢作文，才能写好作文，这是大前提。否则，一切都无从谈起。

脚 印

幼年时，我爱雪天。踏着厚厚的处女雪层，恶作剧般踩上小小的脚印，殊不知却扯破了大地的银色的外套。

风原谅我的天真，用自己的手抚平了雪面……

少年时，我爱河滩。不光踩下湿漉漉的脚迹，还常卧下身子，偏要和沙滩合影。

浪却嫉妒我的快乐，用自己的手抢走了我和沙的"快照"。

现在我大了，我踏在人生道路上众多的脚印有深有浅，尽管有人代表风，有人象征浪，这印迹却永远擦不掉了。这就是生命的足迹、事业的轨道吗？我想。可我却分外怀念那多情的风，顽强的浪……

风　筝

　　微风像葡萄酒，被夕阳的手倾倒在整个广场。风筝们乐了，那睥睨苍穹的鹰，那体态婀娜的燕，那大尾巴金鱼，那双翅膀蝴蝶，慢悠悠地飞过了落日，走访着晚霞的家庭。

　　一个孩子躺在草地上，静静地望着天空，望着那挤向天空的小小的纸片们。我听见他的心唱着歌儿，一支幻想曲，一支飞翔歌。而且我敢肯定，他正从心里抽出一根尼龙线，由落日牵着他，追赶着那群快乐的风筝呢。

　　人不是地球的风筝吧？

　　地球不是太阳的风筝吧？

泉

在村口的一蓬金竹下，卧着一泓泉水。

被细茸茸的青草镶裹着，像一面小小的镜子，映出一孔蓝天、半枝绿叶；可炮手们指着细碎的气泡，总说它是只盛满珍珠的水斗。

清晨。

一个扎着白围腰的战士挑着菜筐、米箩，哼着歌儿来到泉边。伫立了几秒钟，朝着水里那张顽皮的笑脸挤了挤鼻子，又唱着歌儿走向左边的小径。

这条小径的尽头，是深深的河谷和南盘江的蓝色浪花。

中午。

两个战士担着水桶来到泉边，一个走过了，一个却蹲下来，轻轻地捞起一根断落的竹枝，扔掉了。他们说笑着，拐向左侧那条小径。

这是一条挂在山壁上、垂向河谷间的碎石铺成的陡峻的小径。

傍晚。

拥来一群满脸汗泥的炮手，手上的毛巾像一朵朵轻巧的云，飞着，舞着，流过了那条小径。

最后面的一名稚气未褪的小兵，舀起一缸滚着"珍珠"的泉水，贪疾地呷下一口："嗬，真甜啊！"他把余下的水悄悄地倾回泉眼，紧走几步，小径上的石阶没过了他的头顶……

晚霞烧红西山的时候，牧童赶着羊群，老倌吆着牛帮，和着撵山的狗，叼秋的鸡，人声，笑语，开始搅动着小小的高山村落了。我看到，在泉边，在大山这只明净的眸子里，映满了乡亲们含泪的笑脸和向山谷里久久眺望的目光。多么好的黄昏，多么美的泉水啊！我想。

哨所竹林

茫茫的群山似海，高高的哨所如船，哨位上一蓬蓬翠竹啊，竟像绿色的帆！

如果说，老林显得郁闷，荒岭未免沉寂，那么这高山哨所的竹林，就显得永远"蓬勃乐观"。是因为有一位景颇大妈，用深情种出这绿荫一片——甚至每一节竹节里都装着动人的故事，不信你去问调皮的小鸟、活泼的山泉……

那是初建哨所的第一个早晨，战士们用夯声唤醒深山，这里刚经历过激烈的战斗，荒芜的土地上还嵌着弹片。

一位景颇大妈闻讯赶来了，十里山路洒下她一串串热汗。左肩的筒帕飘出酒香，右手的竹筒响着山泉，背箩装不下浓浓春意——一蓬绿竹探出笑脸。当指导员激动地迎上前去，又闻到一股香蕉的清甜。

在哨位（一个弹坑）上她种下竹根，也种下一个景颇母亲的祝愿："愿'解放'像龙竹扎根山寨，愿竹林伴'解放'镇守边关……"浇一筒"定根水"，她又递过米酒，清泉和米酒一起注入战士的心田。

就这样，这片竹林从景颇山寨"入伍"，哨所从此添了新的"成员"。在战斗的土地上它成长壮大，和我们形影不离，朝夕相伴。

你瞧，龙竹水槽牵来深谷蛙鸣；篾笆栅栏扯起霹雳闪电；竹床托着栖息的"山鹰"；蒸笼又端出战士的"美餐"。就连一双双竹筷上也凝结着深情啊，这一切怎不让人遐想联翩？！

练兵场上龙腾虎跃、刀光闪闪，竹林拉着山风助威呐喊；批判"四人帮"群情激昂、山鸣谷应，竹林借着惊雷大声发言。巡逻归来，学习小憩，我们也最爱在竹下漫谈：谈理想、青春、爱情。这时啊，你能看见嫩竹抽叶，新笋吐尖……

莫不是由于长辈的叮咛，竹林才这样激动不安？你听，太行松涛在竹林里回响，西沙螺号在竹梢上萦旋，景颇牛角号绕着战士的刺刀喧响……

莫不是因为母亲的浇灌，竹林才这般春意盎然？你看，它枝牵傣寨大青树，根扎巍巍景颇山，好似海南岛挺拔的椰林，又像兴安岭高耸的云杉。

不，分明是蕴藉了战士的情感，竹林才这样气象万千！要不它怎会张开绿臂，把一座大山抱在胸前？要不它怎能挽云挟雾，撑住祖国的坦坦云天？

正因为每一棵翠竹都有战士风姿，我才自豪地说："我们的边疆土地上是千里竹园！"

不回家的积木

女儿小时候我给她讲故事，讲孙悟空猪八戒以及《聊斋》里可爱又有点吓人的鬼怪和狐狸精。

大起来女儿给我讲故事，讲她从事的幼儿园工作如何有趣，讲一个个男孩儿和女孩儿或淘气或乖巧的行径。

女儿正在北京武警总队的一个幼儿园实习，她学的专业是艺术幼师，唱歌跳舞弹琴加上教小孩做手工，甚至还学习幼儿生理及心理学。这样一来，我们父女之间便有了共同的话题：聊小孩。

有一天晚上女儿下夜班，到家已是晚上九点多，放下东西走到我面前，说，爸爸我要给你讲一个故事。看女儿一脸认真，我赶紧放下手中的报纸，倾听是尊重的前提，我懂这一点。

女儿说班里刚转来一个小女孩，叫高颖，和她的名字"高雅"一字之差，而且老家同样在内蒙古。"没准真的是老乡呢。"女儿念叨着，尽管她对内蒙古一无所知。

"高颖怎么啦？"我问。

"高颖可好玩啦，她的爸爸是天安门国旗中队的干部，妈妈也特忙，顾不上管她，她就常常不回家，老师们都喜欢逗她。"女儿开始了关于六岁小女孩高颖的叙说。

那么高颖究竟怎么"好玩"呢？在女儿连珠炮般快节奏（北京中学生当今语速极快，不知是为什么）的描绘中，我才知道当天晚上发生的小故事：当天是星期三，每到这天幼儿园的孩子们都回一次家，独独高颖留了下来，默默地搭着一盒积木。搭啊，搭啊，积木搭好了，"哗"一声，推倒了重来……

女儿走过去，跟高颖说道："高颖，时间不早了，我们让积木回家好吗？"

"不嘛，我不想让积木们回家，我想让它们陪我多玩一会儿。"小女孩向自己的小老师哀求道。

那天晚上女儿陪着自己六岁的学生搭了无数次积木，回不去家的积木们高高兴兴地尽着自己的职责，所有的小朋友都被爸爸妈妈领走了，唯独留下高颖，留下这个国旗中队长的孩子。她的爸爸妈妈实在太忙太忙，她只能一个人留在空旷的幼儿园。

回不了家的高颖，就这样度过了一个搭积木的夜晚，我的女儿陪着她，她们师生之间的年龄相距十二岁。"哗哗"作响的积木拼成美丽的宫殿，拼成恐怖的洞穴，拼成外星人进攻地球的基地，也拼成壮观平坦的天安门广场，在那里，高颖的爸爸正在执勤，守卫着宁静的首都和熟睡的国旗，以及车水马龙的长安街、波光闪烁的金水河……

就是这样一个普通的故事，发生在武警总队幼儿园的极其平凡的一幕——一个不能回家的孩子和不能回家的积木，所给予我和女儿的震撼。

我甚至怀有一份感激，为小女孩高颖付出的牺牲。也许她并不懂得"牺牲"这两个过于沉重的字真正的内涵，可是，我懂。

我最喜欢的一门功课

语文是我最喜欢的一门功课。故而回忆童年生活，语文所给予我的美妙之感就油然而生。语文首先带给我奇妙的形象，譬如"两个黄鹂鸣翠柳，一行白鹭上青天"，全是鲜活的画面。诗句刚一诵读，就有一种齿颊含香的美感，春天、春水，加上浓浓的春意，借助数字"两个"与"一行"，依靠颜色形容词"黄""翠""白""青"组装在一起，让你觉得美不胜收，妙不可言，于是你只好死命地佩服一个叫杜甫的老爷子。背诵是要背诵的，可是杜甫（还有李白、苏东坡）的诗不像时下的政治考试题那样跟你较劲，你只需漫不经心地念叨一两遍，诗句就如同木楔子一样钉进你的大脑，从此终身受用。

语文的第二个好处是捎给你许多知识，文字本身就是知识的载体，语文语文，责无旁贷。我至今记得的知识是农业八字宪法，这八个字是"土、肥、水、种、密、保、管、工"，20世纪50年代末期、60年代前期曾极力宣传推广的，属于"大办农业"的基础。作为一名小学生，于农业不甚了了，但是语文课中有这一课，便下决心背。这八个字含有口诀的意味，故而背起来容易，记牢了困难——第一次当着全班的面背课文，我对其中的"管、工"二字理解粗疏，被老师好一顿抢白。为了挣回面子，再背，终于直到今天仍能熟练记忆，只不知"八字宪法"还被不被真的当"宪法"看待？

语文课带给你新鲜的知识，当然不光是"八字宪法"，动物、植物、山川、河流，国内、国外，各种知识都有，而且全是以一种高水平的文字传导出来，让你心悦诚服地接受。除了知识，我想语文课第三个好处是培养你的写作兴趣——你须造句、作文，还要学会对各种词汇的分析、识别，直至组合排列。我承认自己从小喜欢造句和作文，造句给你一种创作的原始快感，短短的几行文字，由你凭空造出，多有趣！作文要难一些，一般不少于八百字，可是题目诱惑你去投入：记一次春游；我的父亲；一件小事；读雷锋叔叔的日记；电影《在烈火中永生》观后感……你只要静下心捏住笔，略一思考，现成的句子就源源不断挤向你的笔尖，不一会儿，一篇作文就完成了，于是你得意地欣赏一遍，检查出几个错别字（一般检查不出来），合上作文本，愉快万分地去与小伙伴做游戏了。

写完作文后的感觉十分独特，很接近一种被马斯洛称为"自我实现"的境界，虽然极短暂，可是的确让你着迷。

也许正是这种感觉，才促使我选择了今天被称为"作家"的职业。

语文课，中小学生的福音，童年的梦幻工厂，笔与纸神奇交会之后，让你感觉妙趣横生的一种智力游戏。

愿你们都喜爱语文。

猫和老鼠

从一位朋友家借得一盒外国的《猫和老鼠》的卡通录像带，虽然没有翻译过来，但精彩的情节、有趣和幽默的画面一下子就吸引了我和女儿，用不着翻译，一瞧就明白。

猫和老鼠是自然界一对永恒的天敌，由此可以派生出一系列生动活泼的故事。此外，苏联的狼和兔子的动画片《等着瞧》也是基于这一基本构思，收到了强烈的艺术效果。

不久前，我又听到了一个关于猫和老鼠的真实故事：一个小男孩觉得自家的波斯猫太寂寞，就从集市上悄悄买回一只小白鼠，然后他驯服了猫和小鼠，它们居然友好地生活在一起，而且小白鼠常骑在猫背上走来走去，像"白马王子"！

事情是妈妈发现的，因为儿子的书包里总装一个小纸盒；另外，教师也反映，说孩子在课堂上玩小白鼠，影响了成绩。

当小男孩把猫和老鼠的友谊讲给大人们听时，大人们觉得不可思议，并认定他在为了逃避惩罚而撒谎！

于是，小男孩放出了那只小白鼠，并让它骑在波斯猫的背上走了一遭。小白鼠不负小主人的期望，出色地完成了表演任务。大人们目瞪口呆，小孩子则觉得司空见惯，一点也不奇怪。

听到这个故事时，我的第一个反应是新鲜，继而觉得内涵很丰富，可以扩展为有趣的儿童小说，后来我还真的这么做了，写成了一篇题为《白精灵》的小说。另外，引我深思的是小男孩让猫和老鼠交朋友的大胆尝试，我觉得，这里面有可贵的想象力和创造力，这是成年人——为习惯所局限的成年人们绝对不可能做到的。

鼠年时，北京有位名叫阎妮的小姑娘发表了一首很著名的诗，题目叫《鼠年·致老鼠》，诗这样写道：

我喜欢你们———

一双机灵的眼睛，粉红的耳朵。

虽然爱做坏事可我还是喜欢你们。

如果我到了你们的王国，一定要你们洗脸、洗手、洗澡、刷牙。

还要教会你们自己劳动，干事不要偷偷摸摸。

我还要给你们介绍个朋友———

它的名字叫猫。

诗人金波由此认为"小孩子都有一颗博大的心，他们要拥抱这个世界"。而大人们不但服膺阎妮的天真稚气的想象力，并且在赞叹之余，更会赞赏作者宽阔的胸怀，那种改变常规，化丑为美的自信力。

由阎妮小朋友的诗想到上面讲的白老鼠和猫的真实的故事，你能不佩服孩子们的不拘一格的创造力吗？由想象的艺术世界到真切的生活体验，孩子们的确了不起！

听说白老鼠后来还是失踪了，那是在"北京风波"期间，小男孩和爸爸妈妈躲到外婆家去了两天，回来时波斯猫还在，小老鼠却永远地失踪了。

我在《白精灵》的结尾省略了这个结局，我怕小读者们读了会感到难过，生活的真实与艺术的真实之间允许保持一段距离。但我的内心里却保留着一个巨大的缺憾，我希望小白鼠能有一天突然出现在男孩子面前，而且最好不是一个，还带着它的一窝孩子……

奇迹有时就发生在我们身边，不是吗？

课本里的作家

序　号	作　家	作　　品	年　级
1	金　波	金波经典美文：第一辑 树与喜鹊	一年级
2	金　波	金波经典美文：第二辑 阳光	
3	金　波	金波经典美文：第三辑 雨点儿	
4	金　波	金波经典美文：第四辑 一起长大的玩具	
5	夏辇生	雷宝宝敲天鼓	
6	夏辇生	妈妈，我爱您	
7	叶圣陶	小小的船	
8	张秋生	来自大自然的歌	
9	薛卫民	有鸟窝的树	
10	樊发稼	说话	
11	圣　野	太阳公公，你早！	
12	程宏明	比尾巴	
13	柯　岩	春天的消息	
14	窦　植	香水姑娘	
15	胡木仁	会走的鸟窝	
16	胡木仁	小鸟的家	
17	胡木仁	绿色娃娃	
18	金　波	金波经典童话：沙滩上的童话	二年级
19	高洪波	高洪波诗歌：彩色的梦	
20	冰　波	孤独的小螃蟹	
21	冰　波	企鹅寄冰·大象的耳朵	
22	张秋生	妈妈睡了·称赞	
23	孙幼军	小柳树和小枣树	
24	吴　然	吴然精选集：五彩路	三年级
25	叶圣陶	荷花·爬山虎的脚	
26	张秋生	铺满金色巴掌的水泥道	
27	王一梅	书本里的蚂蚁	
28	张继楼	童年七彩水墨画	

序号	作家	作品	年级
29	张之路	影子	三年级
30	曹文轩	曹文轩经典小说：芦花鞋	四年级
31	高洪波	高洪波精选集：陀螺	
32	吴 然	吴然精选集：珍珠雨	
33	叶君健	海的女儿	
34	茅 盾	天窗	
35	梁晓声	慈母情深	五年级
36	陈慧瑛	美丽的足迹	
37	丰子恺	沙坪小屋的鹅	
38	郭沫若	向着乐园前进	
39	叶文玲	我的"长生果"	
40	金 波	金波诗歌：我们去看海	六年级
41	肖复兴	肖复兴精选集：阳光的两种用法	
42	臧克家	有的人——臧克家诗歌精粹	
43	梁 衡	遥远的美丽	
44	臧克家	说和做——臧克家散文精粹	七年级
45	郭沫若	煤中炉·太阳礼赞	
46	贺敬之	回延安	八年级
47	刘成章	刘成章散文集：安塞腰鼓	
48	叶圣陶	苏州园林	
49	茅 盾	白杨礼赞	
50	严文井	永久的生命	
51	吴伯箫	吴伯箫散文选：记一辆纺车	
52	梁 衡	母亲石	
53	汪曾祺	昆明的雨	
54	曹文轩	曹文轩经典小说：孤独之旅	九年级
55	艾 青	我爱这土地	
56	卞之琳	断章	
57	梁实秋	记梁任公先生的一次演讲	高中
58	艾 青	大堰河——我的保姆	
59	郭沫若	立在地球边上放号	